De DOS

a

Windows

De DOS

a

Windows

Jaime A. Restrepo

RANDOM
HOUSE

De DOS a Windows

©1996 Jaime A. Restrepo

Publicado en los Estados Unidos por Random House Reference & Information Publishing, Random House, Inc., New York y simultáneamente en Canada por Random House de Canada, Limited.

Los dibujos contenidos en este libro fueron usados con el permiso de New Vision Technologies, Inc., © 1989–1995 New Vision Technologies, Inc., 38 Auriga Drive, Unit 13, Neapean, Ontario, Canada K2E 8A5, telephone: (613) 727-8184.

Preparado y impreso en los Estados Unidos de America

Primera Edición

0 9 8 7 6 5 4

ISBN 0-679-77378-9

Visite a Random House en el Internet en la dirección virtual:
http://www.randomhouse.com/

Windows y DOS son marcas registradas de Microsoft, Inc.

Marcas registradas
Un numero de palabaras en las cuales tenemos razón de creer son Marcas Registradas, marca de servicio, o ostros derechos de propiedad aparecen a través del libro con mayuscula en la primera palabra. Sin embargo, ningún esfuerzo fue hecho para designar como Marcas Registradas o marcas de servicio todas las palabras que describen términos de computadoras en las cuales pueden existir derechos de propiedad. La inclusión o la exclusión o definición de una palabra no debe ser entendida a afecta, o expresar juicios, acerca de la veracidad o estado legal de un derecho de propiedad que puede ser declarado en esta palabra o término.

New York   Toronto   London   Sydney   Auckland

Tabla de contenido

Reconocimientos

Es importante agradecer a las personas que colaboraron de una u otra manera en este libro. Entre ellas a mi esposa Sara Sánchez por sus innumerables ideas; a mi mamá Amparo Jaramillo quien predijo hace mucho tiempo, cuando yo todavía buscaba otra profesión, que mi futuro estaba en el área de las computadoras; a mis hermanos (Felipe, Carlos, Francisco y Gonzalo) por su solidaridad; a mi editor en Random House el señor Sol Steinmetz por su empeño para que este libro se convirtiera en una realidad; y finalmente muchas gracias a Marta Yepes por corregir el manuscrito.

Por último estoy eternamente agradecido con el señor William F. Buckley, columnista, dueño de la revista National Review y del programa de televisión Firing Line, por haber hecho las gestiones necesarias para que la idea de la publicación de este libro se hiciera realidad.

Dedicatoria

Este libro está dedicado a mi hija Sara Andrea Restrepo quien a sus pocos cinco meses de vida ya ha demostrado un gran interés por aprender a usar la computadora.

Prólogo

Mi amigo Jaime Restrepo me pidió hace unas semanas mirar su manuscrito *De DOS a Windows*. Como editor enfrentado a varios manuscritos de cierta extensión cada semana, he construido de tiempo atrás defensas en contra de leer manuscritos inéditos. Pero la idea de Jaime de explicarlo todo en español para beneficio de los principiantes hispanos, me intrigó, de modo que abrí la primera página. No paré hasta terminar el libro, pues además éste llegó en el momento preciso en que yo acababa de emprender mi peregrinaje por el misterioso mundo de Windows.

Por esta razón no dudo en decir que ojalá existiera en el idioma inglés algo tan lúcido como el manuscrito del señor Restrepo, el cual toma al estudiante de la mano y cuidadosamente le ayuda a seguir las instrucciones paso a paso. Y lo hace en un estilo, tono y dicción tan revolucionario como la misma computadora y cuando usted lo haya terminado deseará que se prolongue mas allá y que el autor emprenda la tarea de escribir un manual complementario sobre el uso de diferentes tipos de letra y cómo editar y los demás elementos del mundo de las computadoras.

Es curioso que viviendo en los Estados Unidos uno se encuentre a sí mismo deseando que lo que está disponible en español estuviera también disponible en inglés. Pero así es, gracias a Jaime Restrepo.

William F. Buckley, Jr.
Stamford, Connecticut
Enero 7, 1995

Preface

My friend Jaime Restrepo asked me a few weeks ago if I would look at his manuscript, *De DOS a Windows*. As an editor who is threatened by several book-length manuscripts every week I have long since constructed defenses against reading unpublished material, but Jaime's idea to say it all in Spanish for the benefit of beginners intrigued me and so I turned the first page.

I did not let up until I had completed the book. It happened to be marvelously timed, inasmuch as I had recently undertaken to delve into the mysteries of Windows.

I am prompted to say that I wish there existed in the English language something as lucid as Mr. Restrepo's manuscript. It takes the learner by the hand and gently tells him what to do. It is in style, tone, and diction as revolutionary as the computer itself, and after you have completed it, using it alongside the Windows program, you wish only that it went on and on, that Mr. Restrepo would undertake to write a companion volume on the use of fonts and edits and the other arcana of computerland.

It is curious that living in America one finds oneself wishing that that which is available in Spanish could also be made available in English. But it is so, thanks to Jaime Restrepo.

William F. Buckley, Jr.
Stamford, Connecticut
January 7, 1995

Unas palabras del autor

Estimado lector:

Hace algún tiempo, mientras trabajaba para una de las compañías de computadoras más conocidas en los Estados Unidos, me dí cuenta que mucha gente de habla hispana entraba a la tienda donde yo trabajaba buscando información acerca de cómo usar computadoras personales pero muchas veces, por falta de conocimiento del idioma inglés, les era casi imposible encontrar esta información.

Entonces me dí a la tarea de crear un material que sirviera de guía para aquellas personas que desearan una introducción al mundo de las computadoras pero que, por un motivo u otro, no han podido dominar el idioma inglés. Esta tarea se ha prolongado por más de un año debido a que al principio fué muy difícil vender la idea de hacer un libro en español y no fue sino hasta hace un par de meses cuando la compañía Random House Reference & Information Publishing revisó el proyecto y lo aceptó casi de inmediato.

Es importante señalar que este libro no es una traducción o una copia de material existente en el idioma inglés, y que fué diseñado más que todo como libro de introducción al mundo de las computadoras personales.

Siguiendo la sugerencia de mi amigo el señor William F. Buckley, en el capítulo quinto añadí instrucciones sobre cómo cambiar el tipo y el tamaño de letra y también cómo trabajar con los acentos.

Acerca de esta revolución que es el auge en el uso de las computadoras personales, es difícil decirle algo que no haya escuchado antes. Sólo le puedo decir que muy pronto habrá una computadora en casi cada hogar de los Estados Unidos, y este hecho cambiará para siempre el mundo en el que vivimos.

Las computadoras personales son menos difíciles de usar y mucho más interesantes de aprender de lo que parecen a simple vista.

Finalmente, le quiero desear muy buena suerte en esta jornada que es entrar al mundo de las computadoras.

Atentamente,
Jaime A. Restrepo

Por favor envíe sus comentarios acerca de este libro, y sugerencias acerca de otros libros que le gustaría ver en su librería favorita a:

jrestrepo@aol.com

Escriba a la misma dirección si desea recibir informacion y ofertas de software y hardware de un grupo selecto de compañías.

Capítulo primero 1

HISTORIA DE LAS COMPUTADORAS PERSONALES DEL TIPO IBM PC

En Agosto de 1981 IBM vendió la primera computadora personal que denominó IBM PC.

PC **(Personal Computer)** quiere decir computadora de uso personal.

Las computadoras personales de venta hoy en día viene en presentaciones muy completas, como por ejemplo esta Aptiva fabricada por la compañía IBM.

Cuando las primeras computadoras personales salieron al mercado su precio era hasta de $10.000, lo que las puso fuera del alcance de la mayoría de la gente. Hoy en día es posible conseguir un sistema completo incluyendo la impresora por $2.000.

IBM nunca patentó esta nueva invención y al poco tiempo varias compañías empezaron a fabricar copias, que también se conocen como compatibles, o sea computadoras que se comportan de la misma manera que la computadora hecha por IBM.

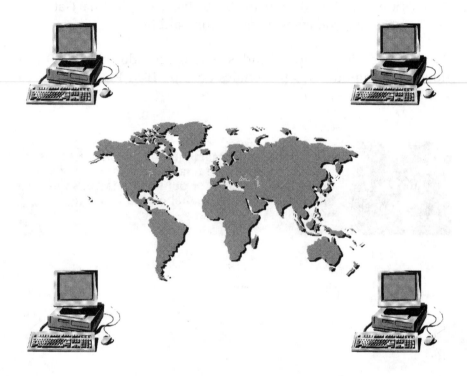

Hoy en día más de un centenar de compañías fabrican computadoras de este tipo y cada año más compañías se añaden a la lista.

Por eso, si ve una computadora con una marca que no es fácilmente reconocida, a menos que sea una Macintosh, debe ser una compatible.

EXPLICACIÓN DE LO QUE ES UNA
COMPUTADORA COMPATIBLE

Una computadora compatible es la que funciona de la misma manera que las computadoras personales hechas por IBM y usan además una versión similar de **DOS**. Por ejemplo una Gateway 2000 o una Dell, son computadoras compatibles.

Solamente en los Estados Unidos se han vendido más de 50 millones de computadoras personales del tipo IBM PC y más de 10 millones en otros países.

NOTA	Hoy en día, por lo fácil que es encontrar todos los componentes de una computadora, miles de personas alrededor del mundo las ensamblan para su uso personal o para la venta al público.

COMPONENTES DE UNA COMPUTADORA PERSONAL

Una Computadora Personal se compone de muchas partes que se dividen en dos grupos principales: **Hardware** y **Software.**

Hardware es cualquier parte metálica o plástica, como el teclado, la impresora, etc.

Software son los programas escritos para hacer de la computadora una herramienta útil de trabajo y también fácil de usar como el programa Lotus 123 para DOS

Componentes importantes del **Hardware:**

- **CPU (Central Processing Unit**-Unidad central de procesamiento)
- **Keyboard** (Teclado)
- **Monitor** (Pantalla)
- **Mouse** (Ratón)
- **Hard drive** (Disco duro)
- **Floppy Drive** (Unidad de discos flexibles)
- **RAM (Random Access Memory**-Memoria electrónica)
- **Video Card** (Tarjeta de video)

CPU

El **CPU** (Unidad central de procesamiento) es el componente en donde se encuentra el procesador y las unidades de almacenamiento de datos.

Esta es una Torre (**Tower**), que por el espacio que ofrece es la más fácil de actualizar.

Esta es una unidad de mesa (**desktop**), el estilo más comúnmente usado de computadoras personales.

KEYBOARD (TECLADO)

El teclado se usa para comunicarse directamente con la computadora y se parece mucho al teclado de una máquina de escribir.

La diferencia más marcada entre el teclado de una máquina de escribir y el de una computadora es la presencia de diferentes teclas llamadas **Function Keys** (teclas de funciones). Estas teclas pueden ser programadas para realizar muchas funciones distintas como imprimir y guardar archivos.

NOTA Una de las teclas de funciones más usada es la F1 que en casi todos los programas sirve para obtener ayuda (**Help**).

CÓMO USAR EL TECLADO

El tipo de teclado más usado en todo el mundo es el conocido como el **101 Extended Keyboard** (teclado extendido 101) y la mayor diferencia entre éste y el de una máquina de escribir, es la presencia de teclas especializadas que facilitan el uso de la computadora.

(A) La tecla de escape (**Esc**), sirve para cancelar un recuadro con el cual no desee trabajar.

(B) Las teclas de la **F1** a **F12** sirven para realizar funciones específicas como la de pedir ayuda. Fuera de la tecla **F1** (ayuda) casi todos los programas designan una función diferente para estas teclas.

(C) Del grupo: **Print Screen, Scroll, Lock y Pause. Print Screen** es la tecla más usada y cuando es oprimida en DOS toma una foto de la pantalla y la envía a la impresora. En Windows **Print Screen** envía la foto al **Clipboard**.

En DOS y en Windows se pueden realizar acciones como guardar archivos con una combinación de dos teclas **(CTRL-S)**

(A) Esta tecla sirve para alinear texto. En Windows 3.1 y en Windows 95 si es usada en combinación con la **ALT (ALT-TAB)** sirve para cambiar de un programa abierto a otro.

(B) Cuando oprima esta tecla **(Caps Lock)** puede cambiar el tipo de letra de minúsculas a mayúsculas. Si sólo desea la primera letra en mayúscula use **Shift**.

(C) Esta tecla **(Backspace)** sirve para borrar la letra que está inmediatamente a la izquierda de la barra que indica la posición del teclado.

(D) Para usar estos números como los de una calculadora de diez dígitos, oprima la tecla de **Num Lock** (aseguración de números).

NOTA

En Windows 3.1 y en Windows 95 es posible usar combinaciones de teclas para realizar funciones que usando el ratón tomarían muchos más pasos, como abrir un archivo usando la combinación CTRL-O

Las seis teclas que están arriba de las flechas en el teclado son muy útiles para trabajar en procesadores de palabras y algunos programas gráficos.

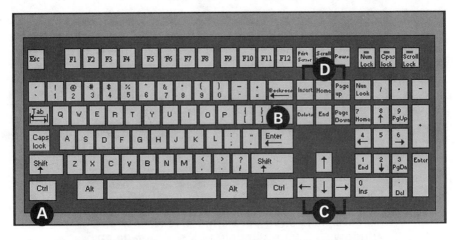

(A) Esta tecla sirve para realizar funciones diferentes. Por ejemplo, **CRTL-P** imprime el documento con el que está trabajando.

(B) **Enter** es la tecla más usada, ya que sirve para confirmar selecciones en casi todo tipo de situación.

(C) Estas cuatro flechas sirven para llevar la barra que indica la posición del teclado a otro lado de la carta con la cual está trabajando.

(D) Estas teclas son muy útiles para editar texto en procesadores de palabras. En la página 12 verá una descripción completa de cómo usarlas.

CÓMO DEJAR ESPACIOS ENTRE PALABRAS

Cuando esté usando un procesador de palabras, para dejar espacio entre una palabra y otra use la barra espaciadora.

Para dejar un espacio oprima esta tecla una vez.

Las teclas de **Insert, Home, Page Up, Delete, End** y **Page Down** son muy útiles para trabajar en procesadores de palabras y hojas de cálculo.

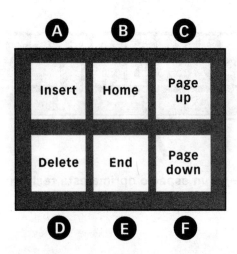

(A) La tecla de **Insert** hace posible aumentar o cambiar letras en una **palabra** o **palabras enteras** en una carta. Antes de usar **Insert** use las flechas para llegar al sitio donde desee hacer los cambios.

(B) Oprima la tecla de **Home** para ir al principio de la línea.

(C) **Page Up** sirve para ir al principio de la página.

(D) Use **Delete** para borrar texto.

(E) Use **End** para ir al final de una línea.

(F) **Page Down** se usa para ir al final de la página.

COMBINACIONES DE TECLAS QUE SIRVEN EN WINDOWS 3.1 Y WINDOWS 95

Estas combinaciones de teclas son muy útiles para automatizar un poco la manera como se trabaja en Windows 3.1 y Windows 95.

Ctrl-C Sirve para copiar texto y gráficas una vez que estén seleccionadas.

Ctrl-V Sirve para pegar la información que acaba de copiar del primer programa al segundo. Se puede usar en la misma carta con la cual esté trabajando, también funciona con programas gráficos y hojas de cálculo.

Ctrl-X Si desea mover información de una carta a otra y no necesita la información en la carta original, use esta combinación de teclas.

Ctrl- F4 Cierra la ventana que es visible en el momento que eligió esta combinación de teclas.

Shift-Page down Para seleccionar páginas sostenga **Shift** y oprima la tecla **Page Down** varias veces hasta que todo lo que desee copiar esté *sombreado*.

EL PUNTO DE ENTRADA A ESCRIBIR

Al usar todas las funciones para editar cartas es necesario tener presente dónde se encuentra el punto de entrada. Este punto estará marcado por una barra vertical *intermitente* e indica el lugar donde aparecerá la letra que oprima en el teclado.

> El punto de entrada a trabajar está representado por una barra intermitente |

Esta barra intermitente es el punto de entrada a la carta con la cual está trabajando.

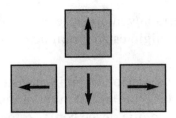

Use las flechas, que se encuentran en la parte inferior del teclado, para llegar al punto donde desee hacer cambios.

MONITOR (PANTALLA)

Sirve para coordinar lo que está sucediendo dentro de la computadora. Esta es muy semejante a una pantalla de televisión pero con una resolución más alta.

Los monitores más recientes se conocen como **VGA** o **SVGA** y solamente se pueden conectar a un puerto de 15 entradas.

MOUSE (RATÓN)

El ratón facilita el uso de la computadora. Usando el botón de la izquierda se pueden realizar la mayoría de las acciones necesarias para usar la computadora.

El botón izquierdo se usa para abrir o cerrar programas y para hacer selecciones.

| NOTA | El ratón puede ser de dos tipos de conexión: Redonda (**PS2 Mouse**) o rectangular de 9 entradas (**Serial Mouse**). |

CÓMO USAR EL RATÓN PARA ABRIR PROGRAMAS

Para abrir un programa oprima el botón izquierdo dos veces y una vez para hacer selecciones dentro del programa.

La función de oprimir el botón izquierdo del ratón también se conoce como **Click**.

Esta flecha representa la *posición* del ratón en la *pantalla*; cuando recibe la indicacion de llevar el ratón a un punto en la pantalla, lleve esta flecha encima del punto mencionado.

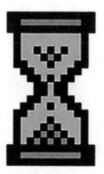

Cuando la flecha cambie a este símbolo que parece un reloj de arena, el procesador está ocupado realizando una tarea.

HARD DRIVE (DISCO DURO)

El disco duro es una unidad de almacenamiento de datos que consiste en discos duros donde la computadora guarda información de manera permanente.

(A) Discos duros.

(B) Este brazo mecánico puede leer y escribir información.

NOTA

Las primeras computadoras que salieron al mercado no tenían discos duros. Pocos años después salieron a la venta de 10 y 20 **Megabytes** (en un **Megabyte** se pueden guardar aproximadamente 500 páginas de texto). Hoy en día es posible hallar discos duros de más de 4 mil **Megabytes**, o sea, lo que también se conoce como 4 **Gigabytes**.

FLOPPY DRIVE (UNIDAD DE DISCOS FLEXIBLES)

La unidad de discos flexibles sirve para guardar archivos de manera permanente.

Una unidad de discos flexibles funciona de la misma manera que un disco duro con la diferencia de que el disco duro es mucho más rápido y puede guardar mucha más información.

Una unidad de discos flexibles puede guardar hasta 500 páginas. Un disco duro puede guardar más de 50.000 páginas.

Unidad de discos flexibles de 3 1/2.

RAM (MEMORIA ELECTRÓNICA)

Este tipo de memoria **(RAM)** es donde la computadora guarda información de manera temporal mientras esté prendida.

La mayor ventaja que tiene es que es supremamente rápida y su mayor desventaja es que una vez se apague la computadora pierde toda la información.

Comercialmente este tipo de memoria también es conocido como **Simm's.**

La memoria electrónica es el componente más costoso de una computadora, costando a veces mucho más que la misma computadora.

VIDEO CARD (TARJETA DE VIDEO)

La tarjeta de video es también conocida en las computadoras más recientes como tarjeta **VGA** o **SVGA**. Es la que procesa las gráficas y las envía al monitor.

La única vez que tiene que pensar que la computadora tiene una tarjeta de video es cuando un programa le pide que aumente la resolución de las gráficas o la cantidad de colores que puede mostrar en la pantalla. Por ejemplo, algunos programas sólo funcionan si la computadora tiene una tarjeta de video que pueda mostrar 256 colores en la pantalla.

Para que una tarjeta de video muestre 256 colores debe tener al menos un **Megabyte** de memoria.

Una tarjeta **VGA** se conoce porque tiene nueve entradas; las tarjetas más antiguas sólo tienen seis.

Esta tarjeta VGA tiene un puerto de 9 entradas.

CÓMO UNA COMPUTADORA GUARDA INFORMACIÓN

El proceso de guardar información sucede de la misma manera que la grabación de una cinta de música en una grabadora. En la computadora en vez de música se guarda información en un lenguaje que la computadora puede entender.

En lo que se refiere a capacidad de guardar datos, lo más importante es recordar que la unidad más pequeña es la que se conoce como **Byte** y que un **Megabyte** se refiere a un millón de **Bytes** y que un disco flexible de un **Megabyte** puede guardar aproximadamente 500 páginas de texto sin gráficas.

Los discos duros han bajado tanto de precio que la mayoría de las computadoras en venta hoy en día tienen discos de mil **Megabytes** de capacidad, lo que también se conoce como discos de un **Gigabyte**.

EL PROCESO DE GUARDAR INFORMACIÓN

El proceso más importante relacionado con el uso de una computadora personal es la capacidad de trabajar con un archivo un día y regresar al día o mes siguientes y poder encontrar el mismo archivo con el cual se trabajó anteriormente.

Una computadora puede guardar información de dos maneras:

- **Temporalmente**
- **Permanentemente**

NOTA

Las unidades de almacenamiento de manera permanente son los componentes de una computadora personal que últimamente han bajado más de precio. La memoria temporal se ha mantenido casi al mismo precio desde hace varios años.

TEMPORALMENTE

Al escribir una carta, la computadora la guarda de manera temporal en bancos de memoria electrónica llamados **RAM**, porque este
tipo de memoria es mucho más rápido. Después puede guardar la
información de manera permanente en una unidad de almacenamiento como el disco duro .

RAM

**Por ejemplo, la carta de abajo primero es
guardada en *RAM*.**

CARTA

Estimado amigo:

En nuestro viaje a Texas tuvimos la
oportunidad de conocer Dallas y
también a San Antonio.

NOTA

**Hoy en día algunos programas guardan infor-
mación en el disco duro desde el momento en
que se empieza a escribir para que la imforma-
ción no se pierda en caso de que haya una
falla en el suministro de corriente.**

PERMANENTEMENTE

Para guardar un archivo de manera permanente es necesario usar una unidad de almacenamiento de datos como el disco duro o usar una unidad de discos flexibles para archivar la información en un disco de 3 1/2 o 5 1/4.

Disco duro.

Unidad de discos flexibles de 3 1/2.

El disco duro es una unidad de almacenamiento de datos que puede guardar archivos de manera permanente.

Un disco duro también puede fallar. Si esto sucede puede perder todo su trabajo. Por eso es bueno hacer copias a discos flexibles de 3 1/2 y 5 1/4 y tenerlas en sitios diferentes como respaldo.

Debido a que muchas computadoras no tienen discos duros, las unidades de discos flexibles son el medio más usado para guardar datos en todo el mundo.

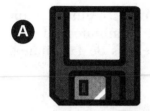

(A) Los discos de 3 1/2 vienen en dos capacidades: de 720 KB y 1.44 KB.

(B) Esta es la unidad de 3 1/2.

(A) Los discos de 5 1/4 vienen en dos capacidades: de 360 KB y 1.20 KB.

(B) Esta es la unidad de 5 1/4.

CÓMO RESGUARDAR ARCHIVOS

Una vez que guarde (**Save**) un archivo en una de estas unidades, lo puede encontrar y usarlo aún después de que la computadora haya estado apagada por mucho tiempo.

Por este motivo guarde (**Save**) su trabajo en el disco duro o en un disco flexible (**Floppies**) por lo menos cada 15 minutos; en caso de que la computadora se apague, no pierde más de 15 minutos de su tiempo.

HISTORIA DE LOS PROCESADORES PARA COMPUTADORAS PERSONALES DEL TIPO IBM PC

El primer procesador para **PCs** fue el 8088. Las **PCs** que utilizaron este procesador también se conocen como **XTs**.

Después salió el 286. Las **PCs** que usan este procesador también son conocidas como **ATs**.

Poco tiempo después salió el 386. De este procesador se vendieron varias versiones diferentes; las más importantes son:

El 386 **SX** y el 386 **DX**. La diferencia es que la designación DX indica la presencia de lo que se denomina un *procesador matemático,* que como su nombre lo indica es capaz de realizar operaciones matemáticas mucho más rápidamente.

Cuando salió el 486 representó un aumento significativo en la velocidad a la que se podía trabajar en una computadora personal. De este procesador también se han vendido muchas versiones diferentes como la 486 **SX** y la 486 **DX**. La diferencia también es la presencia del procesador matemático en la **DX**.

Estos procesadores también se distinguen por la velocidad a la que pueden procesar información o velocidad de reloj. Por ejemplo, en una 486 **DX4** de 100 **MHZ**, mientras más alto es el número más rápida es la computadora.

En el año 1991 Intel™, que es la compañía que fabrica más del 90% de todos los procesadores para IBM compatibles, empezó a vender un procesador que denominó Pentium™. Este es el procesador mas rápido que se ha construido al alcance de los consumidores de IBM PC compatibles.

RESUMEN

En 1981 la compañía IBM vendió una computadora personal que denominó IBM PC.

Una compatible se comporta de la misma manera que una computadora hecha por IBM.

Una computadora personal se compone de muchas partes que se dividen en dos grupos principales: **Hardware** y **Software**.

El ratón es una las herramientas de trabajo mas útiles para usar la computadora.

Una computadora personal puede guardar información de dos maneras: temporalmente y permanentemente.

Una buena práctica cuando trabaja con archivos es guardarlos constantemente.

Capítulo segundo 2

QUÉ ES EL SISTEMA OPERATIVO DOS

Las computadoras personales del tipo IBM-PC se parecen mucho así sean de diferente marca, pero lo que las hace de la misma familia es un programa llamado DOS o sistema de operación de discos, también conocido como el sistema operativo.

La mejor manera de explicar un sistema operativo, es imaginarse una persona dirigiendo el tránsito de información dentro de la computadora, ya sea dándole la vía a las señales electrónicas o negándosela para que otra señal pueda pasar.

En la actualidad varias compañías venden sistemas operativos para IBM compatibles, pero la que más vende es Microsoft Corporation.

Los programas que esta compañía vende se identifican porque tienen el indicativo MS antes del nombre del producto. Por ejemplo, MS-DOS se refiere al DOS hecho por la compañía Microsoft Corporation.

Hoy en día hay más de 50.000 programas comerciales que han sido escritos para ser usados en DOS. Es muy fácil encontrar programas para DOS a menos que use una computadora muy antigua.

La mayoría de los programas de contabilidad y de bancos de datos que se usan en empresas grandes son programas para DOS.

CÓMO DISTINGUIR LAS UNIDADES DE ALMACENAMIENTO EN DOS

El sistema operativo DOS le asigna una letra a cada unidad de almacenamiento de datos (como el disco duro) que esté conectada a la computadora.

La unidad de discos flexibles es siempre denominada con la letra **A:**.

El primer disco duro es denominado con la letra **C:**.

NOTA   En una computadora con dos unidades de discos flexibles, la primera unidad recibirá la letra A: y la segunda la B:

Si una computadora tiene más de un disco duro el sistema operativo les asignará letras de esta manera:

El primer disco duro recibirá la letra **C**:\.

El segundo disco duro recibirá la letra **D**:\.

El tercer disco duro recibirá la letra **E**:\.

LAS UNIDADES DE ALMACENAMIENTO

Cuando vea la letra **C:** que también se conoce como el **C prompt**, esto indica que usted está al nivel del *primer disco duro*.

Un disco duro es como una *gaveta* en un *archivo*.

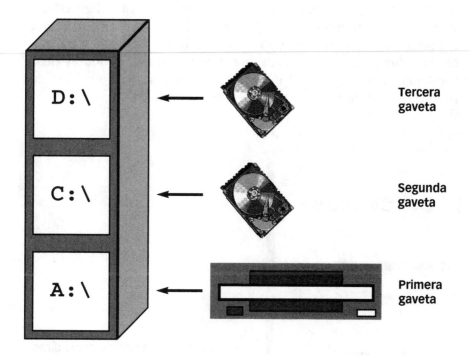

D: ← Tercera gaveta

C: ← Segunda gaveta

A: ← Primera gaveta

LOS DIRECTORIOS

Por motivo de organización estas gavetas están divididas en directorios o carpetas. Una carpeta puede representar un programa o un directorio creado por el usuario para guardar sus cuentas de banco.

Sin importar en qué plataforma esté trabajando, ya sea en DOS o Windows, la manera más organizada de trabajar es la misma. Primero son las unidades de almacenamiento, después los directorios y luego siguen los archivos individuales (también es posible tener archivos a nivel de la raíz de un disco duro o flexible, pero esta no es la manera más eficiente de trabajar).

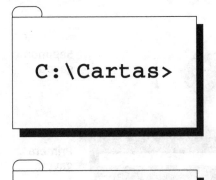

C:\Cartas>

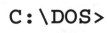

C:\DOS>

Por ejemplo cada uno de estos directorios representa una carpeta en la gaveta C:\ de la página anterior.

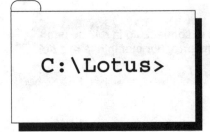

C:\Lotus>

LOS ARCHIVOS

Los archivos individuales se encuentran dentro de los directorios. Un archivo puede ser una carta, una parte de un programa o una foto de un presidente.

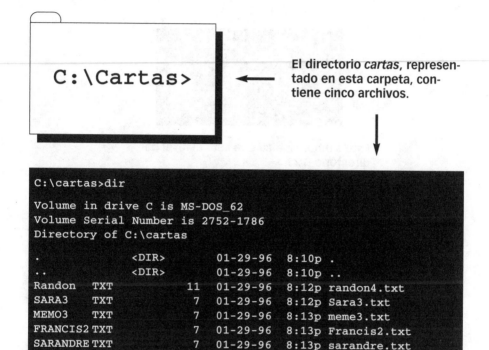

El directorio *cartas*, representado en esta carpeta, contiene cinco archivos.

```
C:\cartas>dir

Volume in drive C is MS-DOS_62
Volume Serial Number is 2752-1786
Directory of C:\cartas

.                 <DIR>         01-29-96  8:10p .
..                <DIR>         01-29-96  8:10p ..
Randon    TXT          11       01-29-96  8:12p randon4.txt
SARA3     TXT           7       01-29-96  8:12p Sara3.txt
MEMO3     TXT           7       01-29-96  8:13p meme3.txt
FRANCIS2 TXT           7       01-29-96  8:13p Francis2.txt
SARANDRE TXT           7       01-29-96  8:13p sarandre.txt
          5 files(s)                 39 bytes
```

NOTA

Todos los archivos tienen un *nombre único* para así poder diferenciarlos de los demás. La única excepción es cuando dos archivos con el *mismo nombre* están en dos *directorios diferentes*.

CÓMO CAMBIAR DE UN DIRECTORIO A OTRO

Para cambiar de un directorio a otro use **Cd** (cambie directorio).

Por ejemplo para cambiar de la raíz de **C:** al directorio DOS escriba **Cd DOS**.

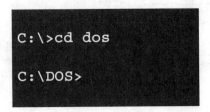

```
C:\>cd dos

C:\DOS>
```

Este símbolo indica que está al nivel del directorio DOS.

Para regresar al nivel de **C:** escriba Cd

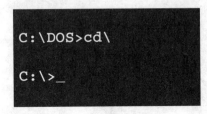

```
C:\DOS>cd\

C:\>_
```

Si usa CD\ regresa al nivel de C:\ la raíz del disco duro C.

COMANDOS DEL SISTEMA OPERATIVO

El sistema operativo DOS está compuesto de muchos archivos que le ordenan a la computadora realizar acciones específicas, por ejemplo preparar un disco (**Format**). Estos archivos también son conocidos como *comandos del sistema operativo* y como su nombre lo indica *ordenan* a la computadora realizar una acción específica.

Los comandos más usados son:

- **Copy**
- **Diskcopy**
- **Dir**
- **Format**
- **Xcopy**
- **Ver**

NOTA	Un comando es reconocido por la computadora como una orden para realizar una acción específica. Los comandos casi siempre se escriben a nivel de la raíz de **C:** o **A:**

CÓMO USAR LOS COMANDOS DEL SISTEMA OPERATIVO

Para usar cualquiera de estos comandos oprima la tecla **Enter** al final de la palabra para confirmar a la computadora que eso es lo que debe hacer. Por ejemplo:

```
C:\CLS  ◄──────────  Enter

C:\CLS
```

Para confirmar la orden de limpiar la pantalla (**CLS**) oprima la tecla **Enter**.

```
C:\>CLSS
Bad command or file name
```

Si el sistema operativo muestra en la pantalla el mensaje **Bad Command or File Name**, esto significa que la computadora no encontró el comando o el archivo con el cual recibió la orden de trabajar, o también puede ser que uno de los dos esté mal escrito (en el ejemplo de arriba el comando **CLS** aparece como **CLSS**).

COPY

Sirve para copiar archivos de un directorio a otro, de uno en uno o varios archivos al mismo tiempo. Para usarlo, primero escriba el comando **Copy**, deje un espacio, después escriba el archivo(s) que desea copiar, finalmente deje otro espacio y ahora escriba la destinación a donde desea copiarlos.

Copy C:\CARTAS\MEMO1.TXT   D:\CARTAS

(A) Comando.

(B) El ejemplo de arriba copia el archivo **MEMO1.TXT** del directorio **C:**\cartas al directorio cartas en el disco duro **D:**\.

(C) Esta es la destinación en la cual el archivo será copiado, el directorio **D:**\Cartas.

NOTA

Para copiar muchos archivos de un directorio a otro al mismo tiempo use *.* o lo que se conoce como **Wildcard**; así si escribe **Copy C:\Cartas*.* D:\Cartas**, todos los archivos que la computadora halle en el directorio **C:\Cartas** serán copiados en el directorio **D:\Cartas**.

DISKCOPY

Sirve para hacer copias exactas *de discos de la misma capacidad*. Por ejemplo, si tiene muchos archivos para copiar en discos de 3 1/2 y 1.4 **Megabytes** de capacidad, puede usar este comando para copiar esta información en discos de la *misma capacidad*.

Para usarlo escriba:

Diskcopy A: A:

```
C:\DOS>Diskcopy a: a:
Insert SOURCE diskette in drive A:
Press any key to continue...
```

Cuando vea la pantalla de arriba, inserte el disco que desea duplicar en la unidad de discos correspondiente. (*Source*).

```
Insert TARGET diskette in drive A:
Press any key to continue...
```

Cuando vea la pantalla de arriba, inserte el disco que recibirá la información en la unidad de discos correspondiente. (*Target*).

NOTA

Antes de usar este comando use **Dir** en el disco que recibirá la información para buscar archivo(s) que quizá pueda necesitar, ya que este proceso duplicará la información del primer disco al segundo (*borrando todos los archivos en el segundo*) y al final de este proceso ambos discos tendrán los mismos archivos. El proceso de copiar puede tomar varios minutos en los cuales la computadora le pedirá cambiar de discos varias veces.

DIR

Es uno de los comandos más útiles para buscar directorios y archivos en todas las unidades de almacenamiento.

La manera de usarlo es escribir **Dir** al nivel de la unidad de almacenamiento o del directorio que necesite información.

Dir

```
C:\>cd cartas

C:\cartas>dir

Volume in drive C is MS-DOS_62
Volume Serial Number is 2752-17E6
Directory of C:\cartas

.                <DIR>        01-29-96  8:10p .
..               <DIR>        01-29-96  8:10p ..
Randon    TXT        11   01-29-96  8:12p randon4.txt
SARA3     TXT         7   01-29-96  8:12p Sara3.txt
MEMO3     TXT         7   01-29-96  8:13p memo3.txt
FRANCIS2 TXT         7   01-29-96  8:13p Francis2.txt
SARANDRE TXT         7   01-29-96  8:13p sarandre.txt
        5 files(s)                39 bytes
        2 dir(s)        233,266,240 bytes  free
```

Por ejemplo, para averiguar el nombre de las cartas en el directorio *cartas*, use **CD** *cartas* y cuando esté al nivel de este directorio escriba **Dir**. Si tiene muchos archivos en este directorio use **Dir/p** para poder ver estos archivos página por página o use **Dir/w** para ver más archivos con menos información.

CÓMO ESTÁN DIVIDIDAS LAS UNIDADES DE ALMACENAMIENTO

Una unidad de almacenamiento puede tener muchos directorios y éstos a su vez pueden tener muchos subdirectorios que están directamente relacionados con el directorio principal.

```
G:\NEGOCIO>DIR

Volume in drive G has no label
Volume Serial Number is 3867-1DCF
Directory of G:\NEGOCIO

.               <DIR>        02-01-96   8:01p .
..              <DIR>        02-01-96   8:01p ..
CUENTAS         <DIR>        02-01-96   8:01p CUENTAS
ENTRADAS        <DIR>        02-01-96   8:01p ENTRADAS
CARTAS          <DIR>        02-01-96   8:01p CARTAS
TELEFONO TXT           6     02-01-96   8:05p TELEFONO.TXT
TELEFONO TXT           6     02-01-96   8:06p TELEFONO.TXT
VIATICOS TXT          11     02-01-96   8:06p VIATICOS.TXT

        3 files(s)                 23 bytes
        5 dir(s)         281,247,488 bytes free

G:\NEGOCIO>DIR
```

(A) Esta es la raíz o **Root** del disco duro **G**:\ el primer nivel de organización.

(B) El directorio *negocio*, sale de la raíz del disco duro **G**:\ y se encuentra en el segundo nivel de organización.

(C) El subdirectorio *cuentas* sale del directorio *negocio* y se encuentra al tercer nivel de organización.

NOTA

Para adelantar un nivel escriba **CD** al nivel de **G**:\ y el nombre del directorio al cual quiera cambiar. Por ejemplo, si desea ir al subdirectorio cuentas escriba **CD** *negocio*, después escriba **CD** *cuentas* al nivel del directorio **G**:*negocio*. Para regresar un nivel escriba **CD..** y para volver a nivel de la raíz escriba **CD** Use la tecla **Enter** al final de cada una de estas opciones para cambiar de directorio.

FORMAT

Es un comando que prepara las unidades de almacenamiento para que el sistema operativo las pueda reconocer.

Para usar este comando escriba:

```
Format A:
```

Este comando prepara un disco flexible para poder ser usado por el sistema operativo. Antes de usar este comando escriba **A:**\ y después **Dir** para buscar archivos que tal vez necesite después, ya que este comando *borra* los discos flexibles de *manera permanente*.

```
C:\>format a:
Insert new diskette for drive A:
and Press ENTER when ready...
```

Cuando vea este mensaje inserte el disco que quiere preparar en la unidad de discos flexibles y confirme con **Enter**.

NOTA

Antes de usar este comando cerciórese siempre que el disco flexible que quiere preparar no contiene ninguna información que necesite después ya que este comando borra a medida que prepara, dañando irreparablemente toda la información que encuentre. Si **Format A:**\ no funciona porque tiene una computadora muy antigua, use discos de **DS** (dos lados) y **DD** (baja densidad) y prepárelos con **Format A:** /F:720 si son discos de 3 1/2 y **Format A:** /F:360 si son discos de 5 1/4.

XCOPY

Es un comando que funciona de la misma manera que **Copy** para copiar muchos archivos al mismo tiempo con la ventaja adicional de poder copiar archivos al nivel de los subdirectorios.

Para usarlo escriba:

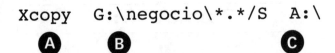

```
Xcopy  G:\negocio\*.*/S  A:\
```

(A) En este ejemplo **Xcopy** ordena a la computadora copiar todos los archivos, representados por el símbolo *.*, que encuentre a nivel del directorio **G:**Negocio y de sus subdirectorios, a la unidad de discos flexibles **A:**.

(B) Después del comando escriba la fuente de los archivos que desea copiar.

(C) Después se deja un espacio y se escribe la destinación para los *archivos seleccionados*.

Para no copiar de los **Subdirectorios** omita escribir la **/s** al final de *.*, solamente escriba **Xcopy G:\negocio*.* A:** De esta manera la computadora no copiará ningú.n que esté después del directorio *negocio.*

VER

Este es un comando que sirve para averiguar qué versión del sistema operativo está instalado en la computadora. La manera como se usa es la siguiente.

Ver

Cuando use **Ver** aparecerá un mensaje como este:

```
C:\>ver
MS-DOS Version 6.20
C:\>
```

El sistema operativo ha sido mejorado gradualmente con lo que se conoce como **Upgrades** o *actualizaciones*. Casi todos los programas son actualizados de vez en cuando. Cuando esto sucede, la versión del programa recibe un indicativo diferente.

Es muy importante tener en cuenta cuál versión de DOS está usando, ya que algunos programas no funcionan bien con versiones anteriores del sistema operativo como MS-DOS 4.01. La versión más reciente de DOS es MS-DOS 6.22.

QUÉ DEBE HACER CUANDO VEA EL MENSAJE "PRESS ANY KEY TO CONTINUE"

Este mensaje es uno de los que causa más confusión entre los usuarios de computadoras personales que usan el sistema operativo DOS.

```
C:\>diskcopy a: a:

Insert SOURCE diskette in drive A:

Press any key to continue...
```

Este mensaje **"Press any key to continue"** se refiere exactamente a *oprimir cualquier tecla para continuar;* si recibe este mensaje puede oprimir la tecla **Enter**.

QUÉ SIGNIFICA "BAD COMMAND OR FILE NAME"

Cuando reciba este mensaje, puede ser que el sistema operativo no pudo encontrar el *archivo* o el *comando* con el cual desea trabajar al nivel que hizo el pedido (*lo que también se conoce como Path*); o uno de los dos está mal escrito, como en el caso de abajo donde el comando copy aparece como **Ccopy**.

```
C:\>ccopy cuentas.wp c:\cartas
Bad command or file name


C:\>
```

En este caso se puede ver claramente que el comando **Copy** está mal escrito.

PATH (DIRECCIÓN VIRTUAL)

Path se refiere a la dirección virtual de un comando o un archivo en un directorio.

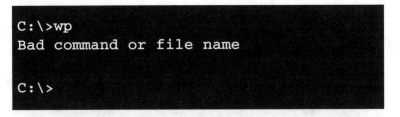

```
C:\>wp
Bad command or file name

C:\>
```

Si desea usar el programa **WordPerfect** y escribe **WP** a nivel de la raíz de **C:** y recibe el mensaje **Bad Command or File Name**, esto significa que el sistema operativo no pudo encontrar este archivo a nivel de **C:** y puede ser que esté a otro nivel o sea diferente **Path**.

CÓMO INSTALAR PROGRAMAS EN DOS

Un programa para computadoras como WordPerfect es un conjunto de instrucciones que le indican a la computadora qué hacer.

El proceso de instalar un programa consiste en copiarlo de discos flexibles al *disco duro*.

La manera más común de instalar un programa para DOS consiste en ir a la unidad de discos flexibles donde quiere instalar el programa.

Por ejemplo, si quiere instalar un programa que viene en dos discos, inserte el primer disco y escriba **A:\Install** o siga las instrucciones que el programa le indique.

A:\Install

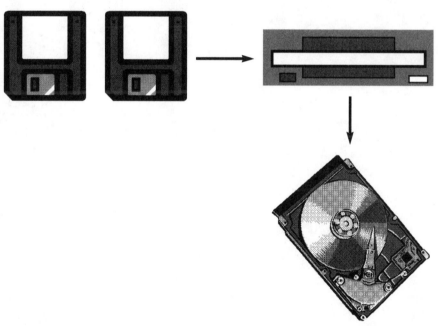

NOTA	El proceso de instalar un programa consiste en copiarlo de los discos flexibles al disco duro, ya que éste puede guardar muchos más datos y también es mucho más rápido que las unidades de discos flexibles.

CÓMO USAR PROGRAMAS PARA DOS

Una vez que el programa esté instalado en el disco duro, éste per-manecerá en la computadora hasta el día en que sea borrado. Para usarlo es necesario ir al directorio respectivo y escribir el nombre de la palabra que abre el programa y confirmar oprimiendo la tecla **Enter**.

Por ejemplo, si acaba de instalar el programa WordPerfect 5.1 para DOS puede abrir el programa directamente desde **C:** escri-biendo **WP** o desde el directorio **WP5.1** escribiendo:

CD WP51 y después **WP**

RESUMEN

El sistema operativo DOS es un programa que controla funciones como copiar discos e imprimir archivos.

El sistema operativo le asigna una letra a cada unidad de almacenamiento que esté conectada a la computadora.

Un comando del sistema operativo le ordena a la computadora realizar una acción específica.

Por motivos de organización, las unidades de almacenamiento están divididas en directorios.

Los archivos individuales se encuentran dentro de los directorios.

La letra **C:** representa la raíz del disco duro **C**.

Una vez que instale un programa en el disco duro, éste permanecerá en la computadora hasta el día en que sea borrado.

Capítulo tercero

LA PLATAFORMA DE TRABAJO WINDOWS 3.1

Windows es una plataforma de trabajo desde la cual es mucho más fácil usar la computadora con la ayuda del ratón o **Mouse**.

Windows requiere una computadora mejor que los programas para DOS. En general, para hacer que funcione, debe tener al menos una computadora 386 con 4 **Megabytes** de **Ram** y un mínimo de 40 **Megabytes** de espacio libre en el disco duro, pero idealmente una 486 **DX** con 60 **Megabytes** de espacio en el disco duro.

Windows no reemplaza a DOS. El hecho de que tenga Windows en la computadora no quiere decir que no tenga DOS.

El próximo diagrama explicará mejor la relación que existe entre Windows y un programa para DOS, como Lotus 123 para DOS.

Los programas para DOS por lo general toman toda la pantalla, a menos que los use a través de Windows.

Todas las referencias a Windows en este capítulo están basadas en la versión de Windows 3.1 y de Windows para trabajo en grupo 3.11, marcas registradas de la compañia Microsoft Corporation.

DIFERENCIA ENTRE UN PROGRAMA PARA DOS Y UN PROGRAMA PARA WINDOWS

La versión de Lotus 123 para DOS se debe usar desde DOS o también se puede usar desde DOS a través de Windows. La versión de Windows de Lotus 123 sólo se puede abrir desde Windows.

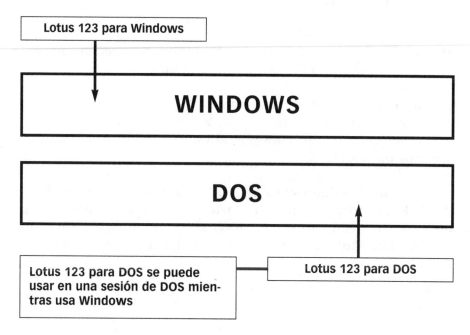

El programa de arriba Lotus 123 para Windows solamente se puede usar *desde* Windows. El programa Lotus 123 para DOS se puede usar desde DOS y también se puede usar desde DOS cuando está usando Windows.

NOTA   Cuando use un programa para DOS desde Windows, este programa abre una **sesión** de DOS. Con Windows 3.1 es posible correr varias **sesiones** para DOS.

VENTAJAS DE LOS PROGRAMAS PARA WINDOWS SOBRE LOS PROGRAMAS PARA DOS

Los programas para Windows solamente se pueden usar en Windows y se reconocen porque tienen en la parte superior izquierda de su empaque un símbolo de Windows.

Los programas para DOS por lo general toman toda la pantalla y al contrario de los programas para Windows, no pueden compartir fácilmente información con otros programas para DOS.

La mayor ventaja de esta plataforma de trabajo es que una vez que aprenda a usar un programa para Windows es muy fácil usar todos los demás hechos para Windows, ya que muchas funciones son muy parecidas.

Otra ventaja de Windows sobre DOS es la capacidad, dependiendo de la cantidad de memoria instalada en la computadora, de poder trabajar con varios programas al mismo tiempo. Esto es lo que se llama **Multitasking** o la capacidad de hacer muchas tareas al mismo tiempo.

NOTA

Hasta la fecha Windows tiene más de 30 millones de usuarios, haciéndolo uno de los programas más usados alrededor del mundo. Por esta razón es muy fácil encontrar programas para Windows.

REQUISITOS PARA INSTALAR WINDOWS 3.1

Si todavía no tiene una copia de Windows instalada en la computadora y tiene al menos un procesador 386 con 4 **Megabytes** de RAM y 40 **Megabytes** de espacio libre en el disco duro necesita comprar una copia completa de Windows 3.1. Esta es la única copia que funcionará en una computadora que no tenga una copia anterior de Windows, como Windows 3.0.

Para averiguar si la computadora tiene suficiente espacio para instalar Windows escriba **DIR** a nivel de **C:** o **D:**

C:\DIR

```
DRIVER    SYS        5,406   02-13-96   6:21a DRIVER.SYS
FASTHELP EXE        11,481   02-13-96   6:21a FASTHELP.EXE
SIZER     EXE        7,169   02-13-96   6:21a SIZER.EXE
SMARTMON EXE        28,672   02-13-96   6:21a MON.EXE
TREE      COM        6,945   02-13-96   6:21a TREECOM
MSBACKUP EXE         5,506   02-13-96   6:21a MSBACKUP.EXE
MWGRAFIC DLL        36,944   02-13-96   6:21a MWGRAFIC.DLL
IMAGE     DAT       84,480   03-11-96   6:48p IMAGE.DAT
         5 files(s)    3,523,339 bytes
        58 dir(s)    117,374,976 bytes free

C:\>
```

Este número indica que la computadora dispone de 117,374,976 Bytes libres, suficiente para instalar Windows.

CÓMO INSTALAR WINDOWS 3.1

Primero inserte el disco número uno (**Setup**) en la unidad de discos **A:**. Escriba **Setup** y escoja la instalación **Express**. Cambie de discos conforme a las instrucciones que reciba del programa. Cuando llegue al final de la instalación prenda la computadora de nuevo.

NOTA	Windows funcionará mucho mejor si tiene una computadora 486 **DX** 33 con 8 **Megabytes** de **RAM** y 200 **Megabytes** libres en el disco duro.

MOUSE (RATÓN)

El ratón es la herramienta más útil para trabajar en Windows.

Esta flecha representa la posición del ratón en la pantalla.

CÓMO USAR EL RATÓN EN WINDOWS

El ratón se controla moviendo la flecha en todas las direcciones hasta que llegue al sitio donde necesite hacer una selección.

Para usar el ratón oprima el botón de la izquierda dos veces para abrir un programa y una vez para hacer una selección dentro del programa.

NOTA	La función de oprimir el botón izquierdo del ratón también se conoce como **Click**. Un **Click (Single Click)** para hacer una selección dentro de un programa. Dos **Clicks (Double Click)** para abrir programas.

HOURGLASS (RELOJ DE ARENA)

Cuando vea este símbolo llamado el reloj de arena o **Hourglass**, la computadora está ocupada procesando una orden. Cuando este símbolo cambie a una flecha la computadora está libre para recibir órdenes de nuevo.

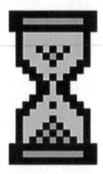

Este símbolo indica que la computadora está realizando una tarea.

NOTA — Mientras más moderna y rápida sea la computadora, menor será el tiempo que esté visible el símbolo que parece un reloj de arena.

CÓMO TRABAJAR EN WINDOWS 3.1

Si la computadora no entra a Windows automáticamente, escriba **CD** Windows y cuando vea el **Prompt C:\Windows>** escriba **Win** y confirme con **Enter.**

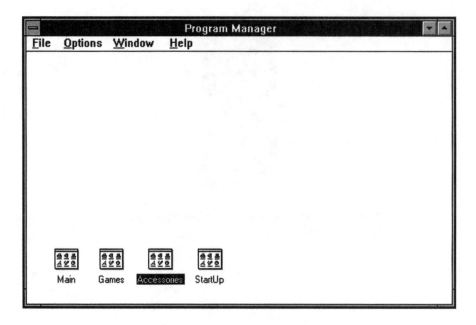

Esta es la primer pantalla que aparece cuando entra a Windows, llamada también Program Manager.

LOS GRUPOS DE PROGRAMAS

Windows está dividido en grupos de programas. Dentro de cada uno de estos grupos están los programas individuales que también se llaman *unidades de grupo*.

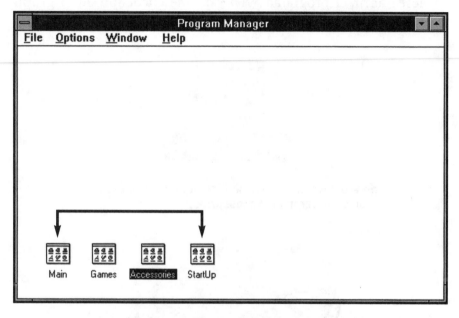

Estos cuadros se llaman símbolos (Icons). Cada uno representa un grupo de programas.

CÓMO USAR PROGRAMAS EN WINDOWS

Para usar programas en Windows, lleve el ratón encima del símbolo con el que desea trabajar y oprima el botón izquierdo dos veces.

Si desea abrir el programa **Write** que se encuentra en el grupo **Accessories**, haga lo siguiente:

Primero lleve el ratón al símbolo que representa el grupo de programas Accessories.

Para abrir este grupo de programas oprima el botón izquierdo dos veces.

El cuadro de abajo representa todos los programas en el Grupo
Accessories.

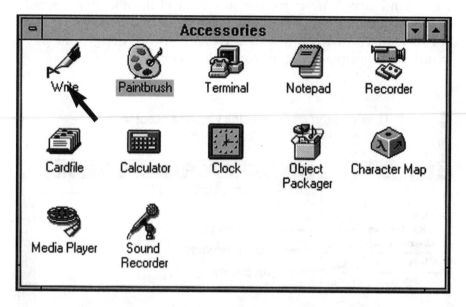

Cuando vea el recuadro del grupo **Accessories**, lleve
el ratón al símbolo que representa el programa **Write**
y oprima el botón izquierdo dos veces.

MENÚ PARA AUMENTAR O DISMINUIR PROGRAMAS

Este menú sirve para aumentar o reducir el tamaño *en la pantalla* de los programas para Windows. Para llegar a este menú lleve el ratón a la esquina izquierda de cualquier programa para Windows y oprima el botón izquierdo una vez.

Lleve el ratón a esta esquina y oprima el botón izquierdo una vez para ver este menú.

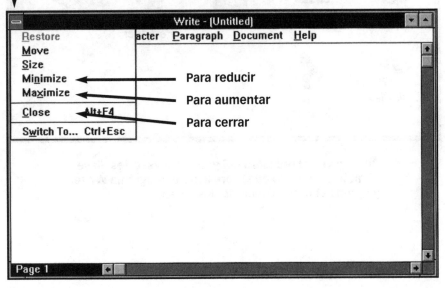

CÓMO USAR EL RATÓN PARA CAMBIAR EL TAMAÑO QUE UN PROGRAMA OCUPA EN LA PANTALLA

Para cambiar el tamaño de un programa lleve la flecha que indica la posición del ratón hasta una esquina o un borde. Cuando vea el símbolo de abajo presione el botón de la izquierda y manténgalo presionado mientras mueve hacia arriba o hacia abajo. Cuando termine suelte el botón izquierdo.

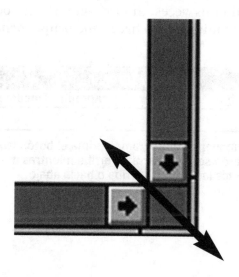

Cuando la flecha cambie a este símbolo muévala hacia arriba o hacia abajo.

NOTA   A menudo para conseguir que la flecha que indica la posición del ratón en la pantalla se convierta en una doble flecha es necesario tratar varias veces.

CÓMO CAMBIAR PROGRAMAS DEL LUGAR QUE OCUPAN EN LA PANTALLA

Para mover un programa que ocupa casi toda la pantalla, lleve el ratón hasta la barra de abajo. Después presione el botón izquierdo y manténgalo presionado mientras mueve el programa de lado a lado o de arriba a abajo.

Para hacer que un programa que está ocupando parte de la pantalla la ocupe toda, lleve el ratón encima de esta barra y oprima el botón izquierdo dos veces. Si el programa está ocupando toda la pantalla haga lo mismo para hacer que ocupe menos espacio.

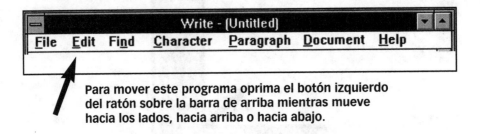

Para mover este programa oprima el botón izquierdo del ratón sobre la barra de arriba mientras mueve hacia los lados, hacia arriba o hacia abajo.

CÓMO USAR LAS BARRAS DE CONTROL

Si está trabajando con un programa para Windows y la imagen parece estar escondida al final de la pantalla, ésta se puede manipular con lo que se llama barras de control.

La manera de usar estas barras es llevando el ratón a los puntos señalados en la gráfica de abajo y presionando el botón izquierdo del ratón poco a poco para controlar lo que es visible en la pantalla.

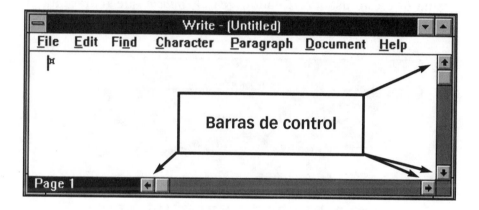

Barras de control

| NOTA | En algunos programas estas barras de control sólo son visibles cuando el programa no ocupa toda la pantalla. |

CÓMO USAR EL TECLADO PARA CAMBIAR DE UN PROGRAMA A OTRO

Una de las ventajas de Windows es que es posible trabajar con varios programas al mismo tiempo.

La manera más rápida de ir de un programa que está activo a otro es usando la combinación de teclas **ALT-TAB**.

Para usar esta combinación de teclas primero oprima **ALT** y mientras la sostiene presione la tecla **TAB** una vez por cada programa que esté usando. Cuando vea el *símbolo* que representa el programa que busca retire las manos del teclado.

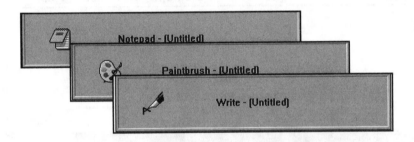

Cuando use la combinación de teclas **ALT-TAB**, aparecerán en la mitad de la pantalla uno por uno los programas que está usando en ese momento. Para hacer una selección, solamente retire la mano del teclado cuando vea el programa que desea usar.

CÓMO COMPARTIR INFORMACIÓN EN WINDOWS

Una de las ventajas que ofrece Windows sobre DOS es la facilidad con la cual programas escritos para Windows comparten información con otros programas hechos por diferentes compañías.

Este proceso se llama **Copy & Paste** (Copiar y Pegar) y **Cut & Paste** (Cortar y Pegar)

Copy & Paste puede crear una copia fiel de la información seleccionada de *una aplicación a otra*.

Cut & Paste también sirve para copiar información. La diferencia es que cuando elige **Cut** el programa borra la información original.

Estas dos funciones de Windows también pueden ser utilizadas para copiar información dentro de una carta que esté escribiendo, para mover texto de una página a otra o de un renglón a otro.

Para ilustrar cómo usar **Copy & Paste** abra el grupo **Accessories**.

Primero lleve el ratón al símbolo del grupo
Accessories y después presione el botón izquierdo
dos veces para abrir este grupo de programas.

CÓMO USAR COPY & PASTE

Una vez que el grupo **Accessories** esté abierto escoja los programas **Write** y **Notepad**.

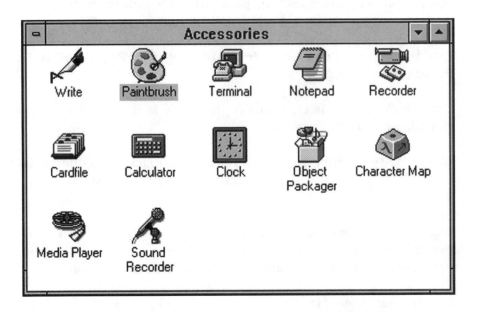

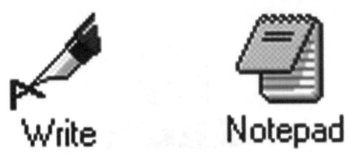

Copy & Paste y **Cut & Paste** funcionan con todos los programas para Windows 3.1 y Windows 95 y también sirven para copiar todo tipo de información como texto, gráficas y sonidos.

Primero abra **Write** aunque para este ejemplo se pueden abrir en cualquier orden.

Para abrir este programa lleve el ratón encima del símbolo y oprima el botón izquierdo dos veces.

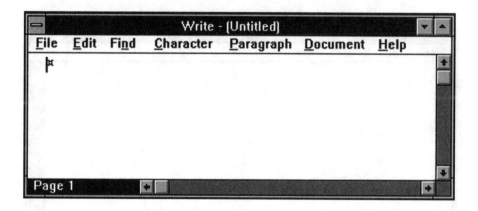

NOTA

Write es un procesador de palabras que viene incluido con todas las copias de Windows 3.1 y Windows para trabajo en grupo 3.11. Es muy útil para escribir notas y también para escribir cartas cortas.

Después abra **Notepad** para tener una aplicación que pueda recibir la selección que desea copiar.

Para abrir el programa Notepad lleve el ratón sobre el símbolo y oprima el botón izquierdo dos veces.

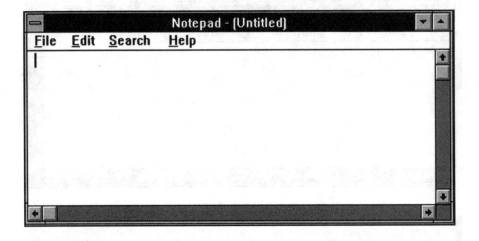

| NOTA | **Notepad** es un procesador de palabras que viene incluído con todas las copias de Windows 3.1 y Windows para trabajo en grupo 3.11. Es muy útil para editar archivos de sistema y también para escribir notas cortas. |

Ahora escriba unas líneas en **Write** para copiarlas
después en **Notepad**.

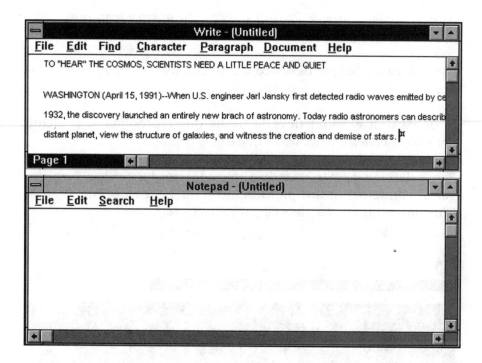

NOTA	Los dos programas no tienen que estar lado a lado para que **Copy & Paste** funcione como en este ejemplo. Lo importante es que los dos programas sean para Windows y que sean usados *en la misma sesión,* es decir un programa puede estar activo detrás del otro.

CÓMO SELECCIONAR EL TEXTO QUE DESEE COPIAR

Antes de usar **Copy & Paste** es necesario *seleccionar* lo que desea *copiar* de un programa a otro.

Para *seleccionar* lo que desea copiar puede usar el ratón o el teclado.

Si desea usar el ratón lleve la flecha que representa la posición del ratón al *comienzo* del texto que desea copiar.

Para seleccionar texto usando el teclado, use las flechas para llegar al comienzo de lo que desea copiar. Luego oprima la tecla **Shift** mientras usa las flechas para seleccionar.

TO "HEAR" THE COSMOS, SCIENTISTS NEED A LITTLE PEACE AND QUIET

WASHINGTON (April 15, 1991)--When U.S. engineer Jarl Jansky first detected radio waves emitted by c
1932, the discovery launched an entirely new brach of astronomy. Today radio astronomers can descrik
distant planet, view the structure of galaxies, and witness the creation and demise of stars. **B**

(A) Para seleccionar estos renglones lleve el ratón a este punto mientras sostiene el botón izquierdo, hale hacia la derecha y hacia abajo hasta que todo lo que desee copiar esté sombreado y termine soltando el botón izquierdo.

(B) Cuando el texto que desee copiar aparezca sombreado lo puede copiar a otra aplicación.

Ahora que la información que desea copiar de **Write a Notepad**
está seleccionada, lleve el ratón a **Edit** y oprima el botón izquierdo una vez.

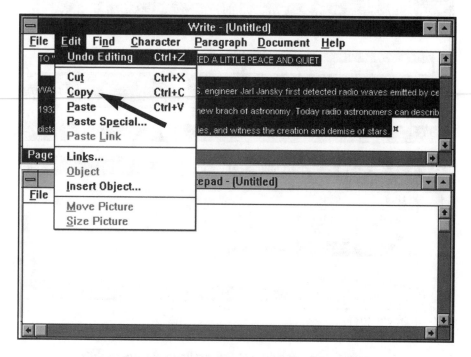

Después lleve el ratón a **Copy** y oprima el botón
izquierdo una vez para empezar el proceso de copiar
la información seleccionada de **Write** a **Notepad** o
use la combinación de teclas **ALT-C**.

NOTA

Copy & Paste también funcionan para copiar diferentes tipos de archivos como dibujos gráficos de
un archivo a otro. También es posible copiar información de un lado a otro en el mismo archivo. Si
tiene una carta de diez páginas es posible copiar
unos renglones de la primera página a la última.

Ahora lleve el ratón a **Notepad** y oprima el botón izquierdo sobre
Edit. Elija **Paste** para copiar la información de **Write** a **Notepad.**

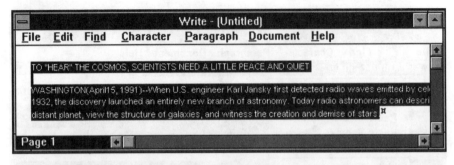

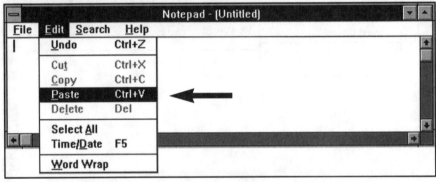

Para copiar la selección a **Notepad** lleve el ratón a **Edit**
y elija **Paste** o use la combinación de teclas **ALT-V**.

Ahora el programa **Notepad** tiene una copia fiel de todo lo que fué seleccionado en **Write**.

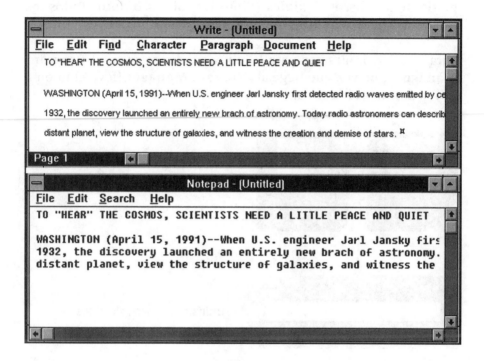

Los pasos anteriores para copiar una selección de un programa a otro se pueden usar para copiar desde una sola palabra hasta cien o más páginas. Si elige **Cut** en vez de **Copy** la información original es borrada y enviada a lo que se llama el **Clipboard** que funciona como una pizarra electrónica donde la información permanecerá lista para ser usada en cualquier aplicación para Windows usando **Paste**. Cuando salga de Windows el **Clipboard** perderá esta selección. Si comete un error durante este procedimiento, puede llevar el ratón a **Edit** y elegir **Undo**.

NOTA

CÓMO INSTALAR UN PROGRAMA EN WINDOWS

En Windows el proceso de instalar un programa consiste en copiarlo de los discos flexibles **(Floppies)** al disco duro. Todos los programas para Windows deben ser instalados en el disco duro.

Para instalar programas para Windows debe estar en el **Program Manager**. Una vez que llege al **Program Manager** lleve el ratón a **File** y después elija **Run**.

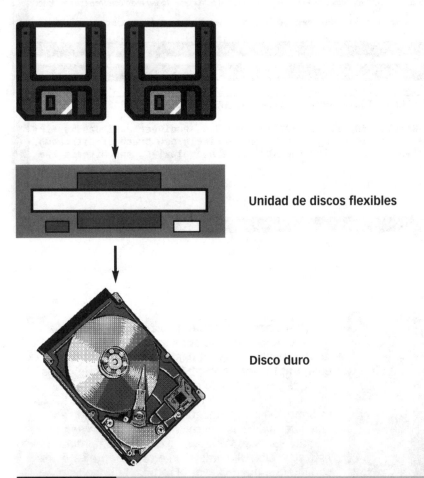

Unidad de discos flexibles

Disco duro

NOTA	El proceso de instalar un programa consiste en copiarlo de los discos flexibles al disco duro, porque éste tiene mucha más capacidad de guardar datos y también es mucho más rápido que las unidades de discos flexibles.

Para instalar un programa en Windows busque el **Program Manager.** La gran ventaja de Windows es que la mayoría de los programas para Windows se instalan de la misma manera. Una vez que aprenda a instalar uno le será muy fácil repetir este proceso con todos los demás que desee instalar.

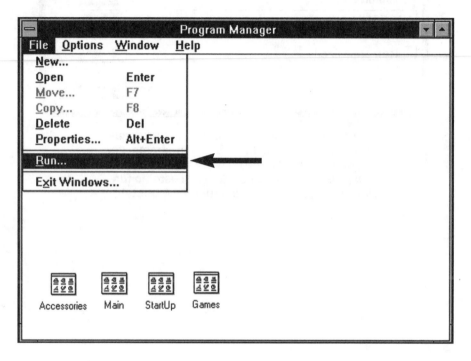

Para empezar a instalar el programa lleve el ratón a **File** y oprima el botón izquierdo una vez. Cuando vea este menú, elija **Run**.

Ahora puede instalar el programa:

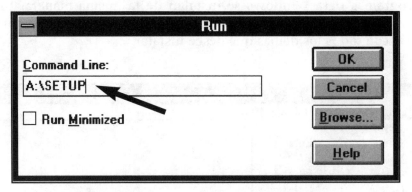

En esta línea escriba el nombre del archivo que
está a cargo de la instalación del programa. Por
lo general este nombre es **A:\Setup** o **D:\Setup**
si el programa está en **CD-ROM**. Si esto no funciona reemplace **Setup** con **Install** (**A:\Install**).

CÓMO INSTALAR IMPRESORAS EN WINDOWS

Para que un programa para DOS pueda utilizar una impresora, debe decirle al programa qué clase de impresora quiere utilizar, siguiendo los pasos en el manual del programa que desea usar para instalar lo que se conoce como **Printer Driver** o *perfil de la impresora*. Si tiene diez programas para DOS tiene que repetir este paso con cada uno de los diez programas que quiera utilizar.

En Windows una vez que elija qué clase de impresora quiere usar, Windows usará esta impresora con *cada uno* de los programas para Windows que tenga instalados en la computadora.

Para instalar una impresora en Windows consiga el nombre completo incluyendo el modelo de la impresora que quiere instalar.

Si la impresora es nueva es posible que incluya un programa para su configuración, que se debe usar desde **Program Manager** eligiendo **File** y después **Run**.

NOTA	El proceso de instalar impresoras en Windows se hace casi todas las veces cuando Windows es instalado por primera vez. Por lo tanto si tiene una impresora que *está funcionando bien no siga estos pasos*.

Para comenzar a instalar la impresora lleve el ratón al grupo
Main.

Primero lleve el ratón al grupo **Main** y oprima el
botón izquierdo dos veces.

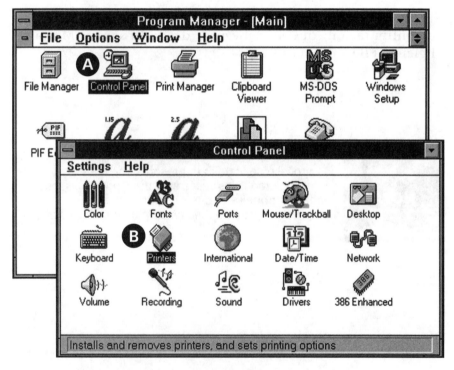

(A) Ahora lleve el ratón encima de Control Panel y
oprima el botón izquierdo dos veces.

(B) Después lleve el ratón encima del símbolo de
Printers y oprima el botón izquierdo dos veces.

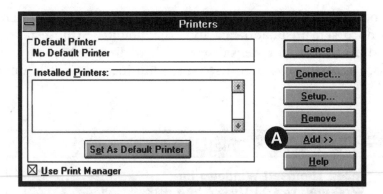

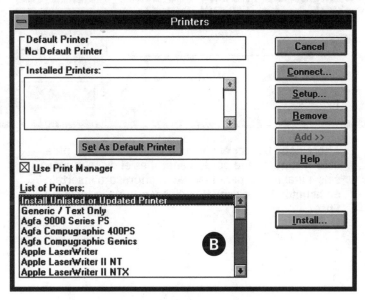

(A) Una vez que vea este recuadro lleve el ratón a **Add** y oprima el botón izquierdo una vez.

(B) Ahora, usando esta barra de control, busque en esta lista la impresora que quiere instalar. Cuando la encuentre lleve el ratón encima del nombre y oprima el botón izquierdo para seleccionarla y después elija **Install**.

NOTA

El proceso que sigue consiste en buscar lo que se conoce como un **Printer Driver** o perfil de la impresora que ayuda a Windows a comunicarse con la impresora para así no tener problemas cuando trate de imprimir.

Si el perfil de la impresora o **Printer Driver** se encuentra en el disco duro será instalado casi inmediatamente. Si no está en el disco duro recibirá un mensaje como el cuadro de abajo pidiendo un disco de Windows o el disco que vino incluido con la impresora.

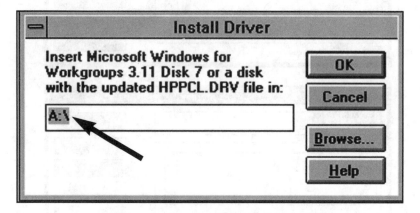

Ahora debe buscar el disco de Windows que le pide este recuadro, que por lo general es el disco número seis. Finalmente para instalar la impresora insértelo en la unidad de discos flexibles y oprima la tecla **Enter**.

Una vez que la impresora esté instalada es necesario decirle a Windows si desea usarla como su impresora principal o secundaria.

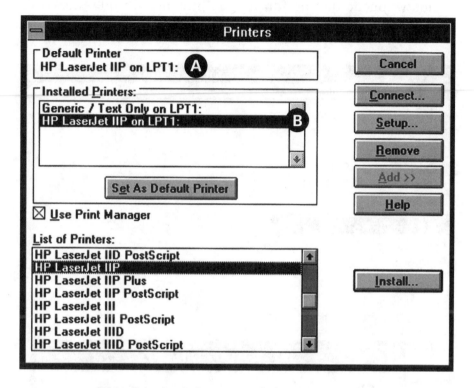

(A) La lista de abajo muestra la impresora que acaba de instalar.

(B) Si tiene más de una impresora en este recuadro, lleve el ratón a la que desea usar como su impresora principal y oprima el botón izquierdo una vez. Finalmente lleve el ratón a **Set As Default Printer** y oprima el botón izquierdo una vez.

NOTA   Una vez que la impresora esté instalada en el **Printer Menu** debe funcionar con todos los programas para Windows que tenga instalados en la computadora.

CÓMO SALIR DE WINDOWS

Cuando termine de trabajar en Windows y desee apagar la computadora, es importante ir primero al nivel de **C:**. De lo contrario Windows puede que no funcione la próxima vez que prenda la computadora.

(A) Para salir de Windows lleve el ratón a **File** y elija **Exit Windows**.

(B) Cuando vea este recuadro elija **OK** oprimiendo la tecla **Enter** una vez; cuando llegue al nivel de **C:** puede apagar la computadora.

RESUMEN

Windows 3.1 es la plataforma de trabajo gráfica más usada en todo el mundo.

Una de las ventajas más grandes de esta plataforma de trabajo sobre Dos, es la capacidad de usar varios programas al mismo tiempo.

Usando **Copy & Paste** se puede copiar desde una letra hasta más de cien páginas.

Cuando instale una impresora en Windows, ésta funcionará con todos los programas para Windows que tenga en la computadora.

Es importante salir de Windows completamente y esperar que la computadora llegue al nivel de **C:**, antes de apagarla.

Capítulo cuarto 4

INTRODUCCIÓN A WINDOWS 95

Este programa que salió a la venta el 24 de Agosto de 1995, es la nueva versión de Windows, la plataforma de trabajo más popular del mundo.

A diferencia de Windows 3.1, Windows 95 es un sistema operativo completo o sea no necesita del sistema operativo DOS. Windows 95 es compatibles con la mayoría de los miles de programs para DOS que han salido hasta ahora.

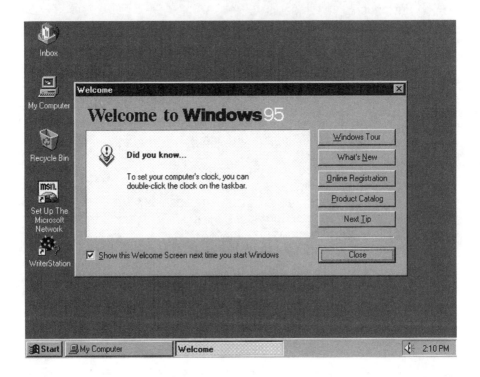

MEJORAS IMPORTANTES DE WINDOWS 95 SOBRE WINDOWS 3.1

Mejor protección a programas individuales, es decir, si está trabajando con varios programas al mismo tiempo y uno de éstos deja de funcionar, es posible cerrar este programa y seguir trabajando con los otros.

Plug & Play. Desde el verano de 1996 en adelante será posible comprar una opción (como una tarjeta de sonido) y Windows 95 la instalará correctamente siempre y cuando la opción sea **Plug & Play.** (Para que **Plug & Play** funcione es necesario tener un modelo de computadora actualizado).

La capacidad de realizar muchas tareas al mismo tiempo. Dependiendo de cuánta memoria tenga la computadora, es posible preparar un disco, escribir una carta y mandar un **Fax** al mismo tiempo.

Los programas escritos para Windows 95 permiten nombrar archivos con nombres descriptivos con más información acerca del mismo.

REQUISITOS PARA USAR WINDOWS 95

Esta plataforma de trabajo requiere al menos una computadora 386 **DX** con 10 **Megabytes** de **RAM** o una 486 **DX/**33 con 8 **Megabytes** y con un mínimo de 60 **Megabytes** de espacio libre en el disco duro.

Si no tiene Windows 95 y desea actualizar su copia de Windows 3.1 o Windows for Workgroups 3.11 (Windows para trabajo en grupos 3.11), necesita comprar una actualización para Windows 95.

Para instalar Windows 95 desde la unidad de discos flexibles, escriba **A:\Setup** o **D:\Setup** si desea instalar desde el **CD-ROM**.

PANTALLA DE BIENVENIDA A WINDOWS 95

Esta es la pantalla que aparece cuando prende una computadora que tiene Windows 95.

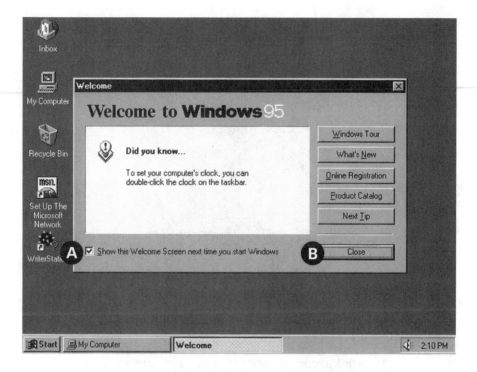

(A) Para no ver este recuadro cada vez que entra a Windows 95 lleve el ratón a esta casilla y oprima el botón izquierdo una vez.

(B) Para comenzar a trabajar lleve el ratón a **Close** y oprima el botón izquierdo una vez.

CÓMO TRABAJAR EN WINDOWS 95

Para abrir un programa en Windows 95, lleve el ratón a **Start** y oprima el botón izquierdo una vez.

(A) Este es el menú que aparece cuando lleva el ratón a **Start**.

(B) Para buscar un programa lleve el ratón a **Start** y oprima el botón izquierdo una vez.

NOTA	Casi todas las combinaciones de teclas que funcionan en Windows 3.1 son iguales en Windows 95. Por ejemplo la combinación de teclas **ALT-TAB** sirve para cambiar de programas si está usando varios al mismo tiempo y **ALT-F4** para cerrarlos.

Por ejemplo, para abrir el programa **Paint** que viene incluido con Windows 95, lleve el ratón a **Start**.

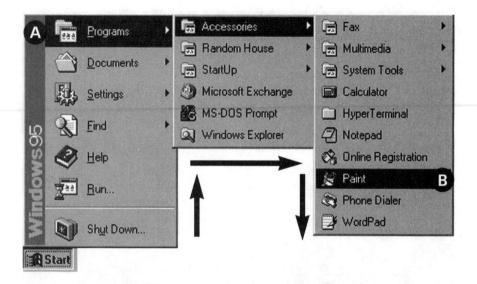

(A) Mueva el ratón hacia arriba y a la derecha para ver todos los programas instalados en la computadora.

(B) Finalmente, lleve el ratón a **Paint** y oprima el botón izquierdo una vez para abrir el programa.

Cuando oprima el botón izquierdo del ratón sobre **Paint**, el programa se abre sin más pasos adicionales.

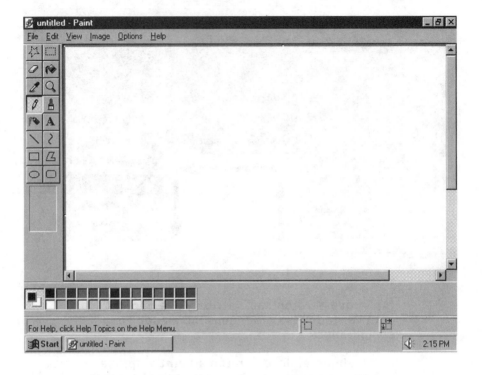

CÓMO USAR EL RATÓN PARA AUMENTAR O DISMINUIR UN PROGRAMA

Para aumentar o disminuir el espacio que un programa ocupa en la pantalla en Windows 95, lleve el ratón a las esquinas y úselo de la manera indicada en el diagrama de abajo.

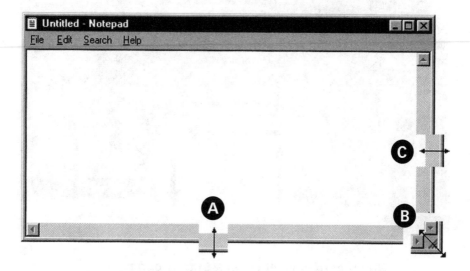

(A) Para reducir o aumentar la parte visible a lo alto de un programa, lleve el ratón a la parte inferior y cuando cambie a doble flecha, sostenga el botón izquierdo mientras hala hacia abajo o hacia arriba.

(B) Desde esta esquina se puede mover un programa a lo alto o ancho de la pantalla. Para hacerlo, lleve el ratón a la esquina y cuando cambie a doble flecha, sostenga el botón izquierdo mientras mueve la flecha diagonalmente a la pantalla.

(C) Para reducir un programa a lo ancho de la pantalla, lleve el ratón a esta barra. Cuando cambie a doble flecha, sostenga el botón izquierdo mientras hala hacia los lados.

CÓMO USAR ARCHIVOS EN WINDOWS 95

Para seguir este ejemplo de cómo usar y guardar archivos (**Files**) en Windows 95, abra el procesador de palabras **Wordpad**.

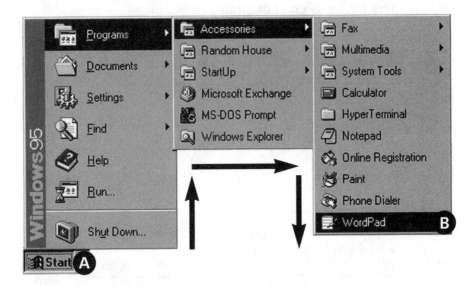

(A) Primero lleve el ratón a **Start** y oprima el botón izquierdo una vez. Luego lleve la flecha que indica la posición del ratón hacia arriba y luego hacia la derecha hasta que llegue al grupo **Accessories** y después hacia abajo hasta que la flecha esté encima de **Wordpad**.

(B) Ahora lleve el ratón encima del símbolo de **Wordpad** y oprima el botón izquierdo una vez.

Una vez que el procesador de palabras **Wordpad** esté abierto, puede escribir una nota para después guardarla de manera permanente.

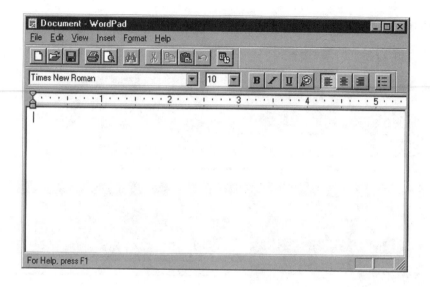

CÓMO GUARDAR ARCHIVOS EN WINDOWS 95

El menú para guardar archivos en este programa es el mismo que el de todos los programas para Windows 95 y Windows 3.1.

Primero lleve el ratón a **File** y después elija **Save**.

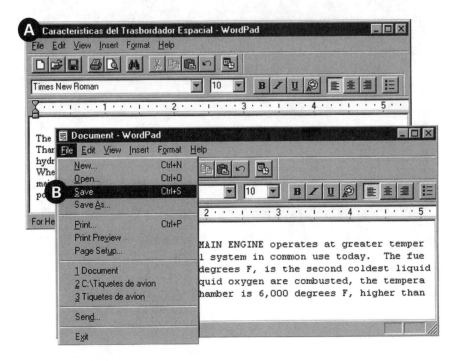

(A) Para guardar este archivo lleve el ratón a **File** y oprima el botón izquierdo una vez.

(B) Ahora lleve el ratón encima de **Save** y oprima el botón izquierdo una vez para guardar el archivo.

CÓMO NOMBRAR ARCHIVOS EN WINDOWS 95

En este recuadro es donde se nombra el archivo que quiere crear. Para hacerlo puede usar un nombre único que describa el archivo.

En Windows 95 es posible usar una combinación de letras y nombres hasta de 250 caracteres de largo.

Al contrario de DOS y Windows 3.1 ahora es posible guardar su trabajo con nombres que lo describen mejor.

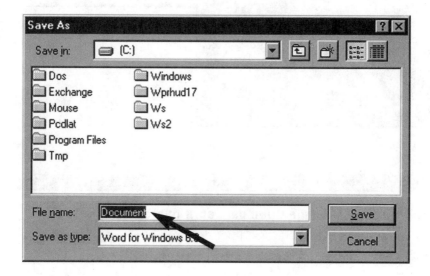

En esta línea escriba el nombre del archivo, para guardarlo de manera permanente.

En este caso al archivo se le dió el nombre de *Características del Transbordador Espacial*, el tema de la carta.

CÓMO ABRIR ARCHIVOS EN WINDOWS 95

Cuando quiera usar un archivo que escribió hace algún tiempo lleve el ratón a **File**.

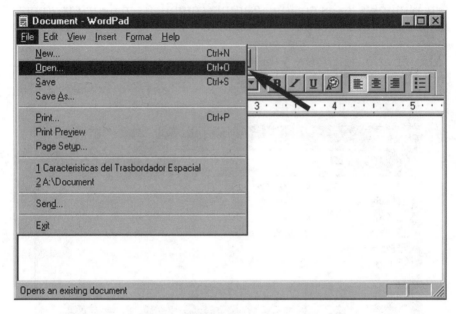

Elija **Open** para abrir el archivo.

Si no recuerda el nombre del archivo que está buscando lleve el ratón a **Start**, oprima el botón izquierdo una vez mientras mueve hacia arriba hasta que encuentre la función de **Find**. Al final de este capítulo encontrará más información acerca de cómo usar esta función.

En el recuadro de abajo lo que aparece primero son los directorios (carpetas amarillas). Si el archivo no es visible es posible que se encuentre a la derecha de la pantalla. Use la barra de control de abajo para buscarlo.

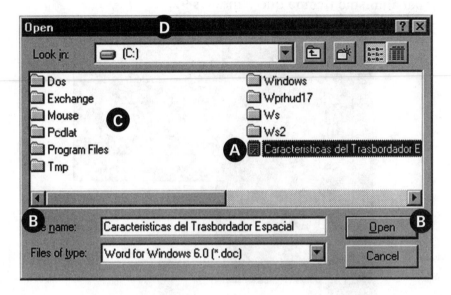

(A) Lleve el ratón encima del archivo que desee usar, y oprima el botón izquierdo dos veces.

(B) Para ver más archivos use estas barras de control. Oprima el botón izquierdo del ratón hasta que encuentre el archivo que está buscando.

(C) Para abrir archivos que se encuentran a nivel de otro directorio, lleve el ratón sobre este y oprima el botón izquierdo dos veces.

(D) Lleve el ratón sobre este símbolo, si el archivo que desea abrir esta a nivel de otro disco duro, floppie o un CD-ROM y oprima el botón izquierdo una vez. Después lleve el ratón sobre la unidad con la cual desea trabajar y oprima el botón izquierdo dos veces.

CÓMO USAR PROGRAMAS PARA DOS EN WINDOWS 95

Si necesita usar un programa para DOS, abra lo que se llama una ventana de MS-DOS, es decir una sesión de DOS que va a funcionar al mismo tiempo que Windows 95.

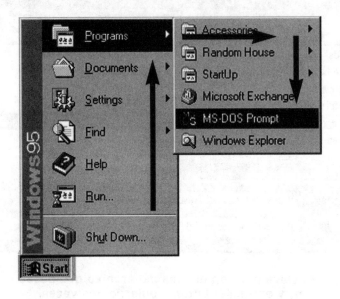

Para abrir una sesión de DOS lleve el ratón a Start y oprima el botón izquierdo una vez, después hale la flecha que indica la posición del ratón hacia arriba y luego hacia la derecha, después hacia abajo hasta llegar al símbolo de MS-DOS Prompt y finalmente oprima el botón izquierdo una vez.

Una ventana de MS-DOS le permite usar casi todos los programas para DOS, con la excepción de algunos juegos y bancos de datos que no funcionan bien compartiendo recursos con Windows 95.

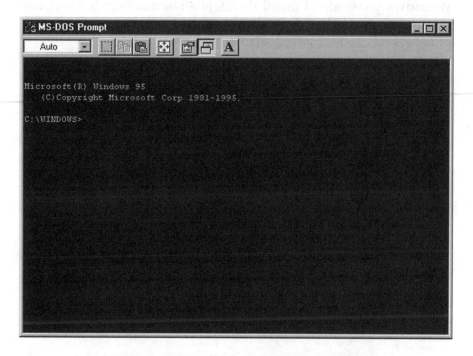

El programa que está funcionando dentro de este recuadro es conocido como una sesión de DOS y está aislado del resto de los otros programas. Si este programa deja de funcionar es posible cerrarlo sin perjudicar los otros programas que esté usando en el momento.

NOTA

Para hacer que una sesión de DOS llene toda la pantalla use la combinación de teclas **ALT-Enter**. Para reducirla vuelva a repetir esta combinación de teclas. Al terminar la sesión escriba **Exit** al nivel de **C:** para cerrar la ventana.

CÓMO PRENDER LA COMPUTADORA EN DOS

Si el programa para DOS que quiere usar no funciona bien en una sesión de DOS lleve el ratón a **Start**. Seleccione **Shut Down Windows** y cuando el menú de abajo aparezca, elija **Restart the computer in MS-DOS Mode** y después **Yes**, para que la computadora funcione como si solamente tuviera DOS.

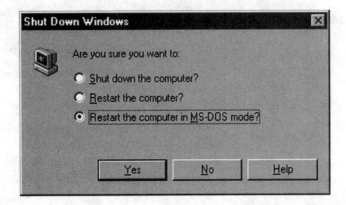

Cuando termine de usar el programa solamente escriba **Win** al nivel de **C:**\ y Windows 95 prenderá de nuevo.

CÓMO CREAR DIRECTORIOS EN WINDOWS 95

Si tiene mucha correspondencia de un mismo tema, es una buena idea crear un directorio o carpeta, para así poder distinguirla de los demás programas.

Para crear nuevos directorios en Windows 95, lleve el ratón a **My Computer** y oprima el botón izquierdo dos veces.

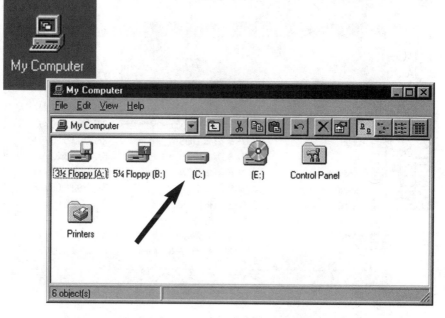

Ahora elija el disco duro donde desea crear el nuevo directorio.

NOTA En el recuadro de arriba se puede ver una unidad de discos flexibles **(A)**, dos discos duros **(C)** y finalmente un **CD-ROM (E)**.

Cuando el recuadro del disco duro **C** aparezca lleve el ratón a **File**.

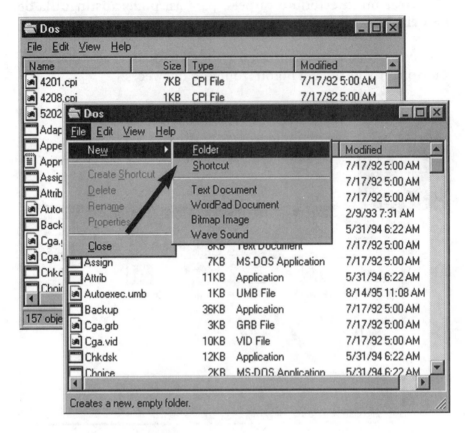

Ahora mueva el ratón hacia abajo mientras oprime el botón izquierdo para seleccionar New y luego elija Folder, después retire la mano del botón izquierdo.

Ahora puede crear un directorio a nivel de esta unidad de almacenamiento.

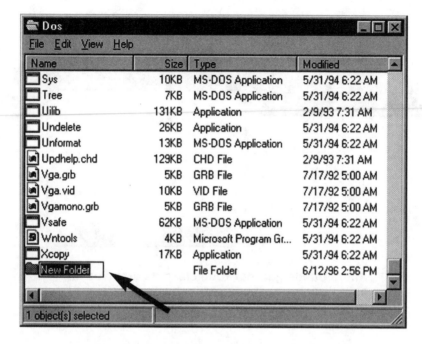

**En esta casilla sombreada escriba el nombre del
directorio que desea crear.**

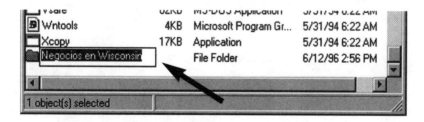

**Por ejemplo si tiene negocios en Wisconsin
puede nombrar el nuevo directorio *Negocios en
Wisconsin*. Para terminar este proceso oprima
la tecla Enter una vez.**

Para abrir este directorio lleve el ratón encima del símbolo y oprima el botón izquierdo dos veces.

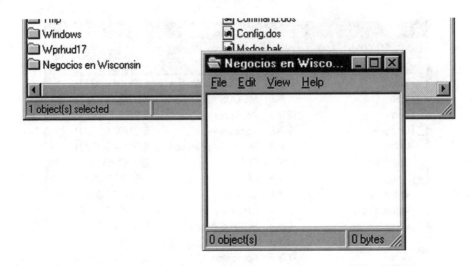

Ahora puede guardar toda clase de archivos en este directorio, desde cartas hasta programas.

CÓMO UTILIZAR EL BOTÓN DERECHO DEL RATÓN PARA CREAR NUEVOS ARCHIVOS

En Windows 95, es posible empezar a escribir una carta o crear una presentación *inmediatamente* después de cerrar el recuadro de bienvenida. Lleve el ratón a cualquier punto de la pantalla que no tenga *símbolos* y oprima el botón derecho una vez.

Por ejemplo; para crear una carta a una agencia de viajes siga los pasos de abajo.

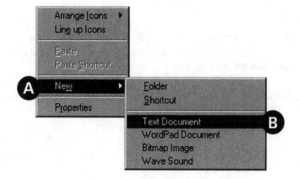

(A) Este recuadro aparece cuando oprime el botón derecho del ratón una vez.

(B) Ahora lleve el ratón a **New** y mueva hacia la derecha y hacia abajo para ver la lista de algunos de los programas que tiene instalados; cuando encuentre el que desea usar oprima el botón derecho una vez. Para este ejemplo elija **Text Document**.

Cuando vea el recuadro de abajo puede nombrar el archivo aunque todavía no haya trabajado con él; o puede empezar a trabajar y darle un nombre después.

(A) Ahora escriba el nombre que desea usar en este recuadro mientras las letras **New Text Document** están seleccionadas.

(B) Para este ejemplo dele un nombre al archivo antes de trabajar con él.

NOTA

En Windows 95 se pueden usar más de 200 caracteres para nombrar un archivo o un directorio haciendo casi imposible que lo pierda. También lo puede buscar con cada una de las palabras que usó para nombrarlo.

Ahora lleve el ratón al símbolo de abajo para abrir el archivo.

Para abrir el archivo oprima el botón izquierdo
dos veces.

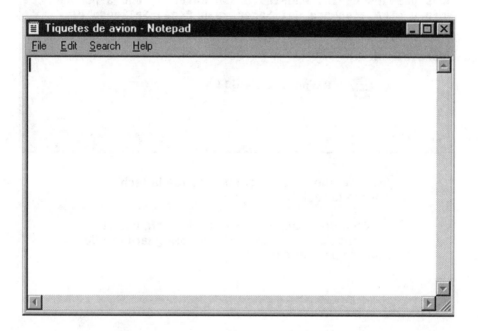

Ahora puede escribir esta carta a su agencia de
viajes.

Para ponerle la fecha a una carta en **Notepad** oprima la tecla **F5**; la fecha quedará al nivel de la barra intermitente.

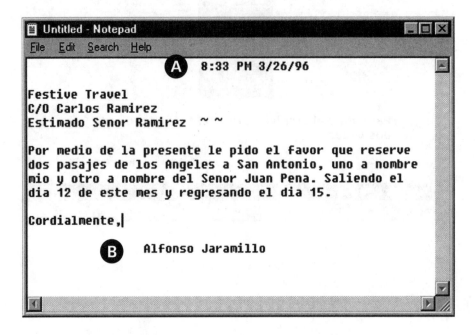

(A) Para que este programa escriba la fecha, oprima la tecla **F5**.

(B) Cuando termine de escribir la carta use la combinación de teclas **CTRL-S** para guardarla de manera permanente.

Si oprime el ratón en otra parte de la pantalla fuera del recuadro de **New Text Document**, Windows 95 guardará el archivo inmediatamente aunque todavía no haya escrito nada en él y usará el nombre **New Text Document**, más un número que aumentará cada vez que deje un archivo sin nombrar, para que así no haya archivos repetidos.

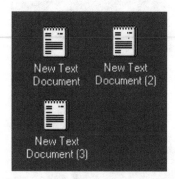

Como puede ver en este ejemplo Windows 95 creó varios archivos automáticamente. Se pueden distinguir por el número. El documento que no tiene un número asignado fué el primero en ser creado.

CÓMO CAMBIARLE EL NOMBRE
A UN ARCHIVO

A veces es necesario cambiarle el nombre a un archivo para diferenciarlo mejor de los demás.

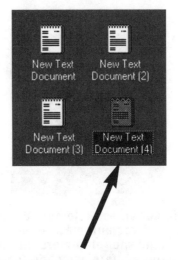

Para cambiar el nombre de un archivo, lleve el ratón encima de este recuadro y oprima el botón izquierdo una vez y espere unos segundos hasta que el recuadro reciba una sombra azul.

NOTA	Estos pasos también se pueden seguir para cambiarle el nombre a un archivo en **My Computer**.

Ahora puede escribir el nombre que desea darle al archivo.

**Para que Windows 95 guarde el archivo con
este nombre, lleve el ratón fuera de este
recuadro y oprima el botón izquierdo una vez.**

NOTA

**La facilidad con la cual se puede trabajar con
archivos en Windows 95, hace de ésta la
plataforma de trabajo más fácil de usar para
IBM compatibles.**

CÓMO BUSCAR ARCHIVOS EN WINDOWS 95

Si después de un tiempo de usar la computadora no recuerda dónde está el archivo que necesita, puede encontrarlo usando el programa **Find**.

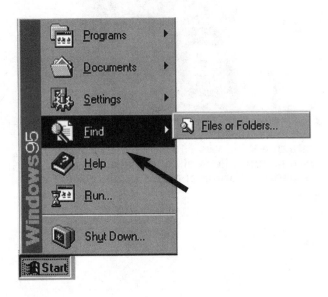

Para abrir el programa **Find** lleve el ratón a **Start** y hale hacia arriba y después oprima el botón izquierdo sobre **Files** o **Folder**.

El recuadro de abajo representa el programa **Find**. Desde éste es posible hallar cualquier archivo con el cual desea trabajar.

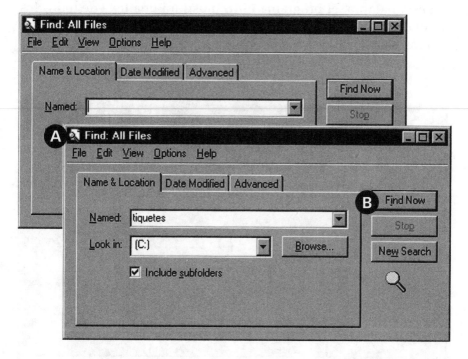

(A) **En esta casilla escriba el nombre o parte del nombre del archivo que está buscando.**

(B) **Ahora lleve el ratón a Find Now para buscar el nombre del archivo que está buscando.**

Como puede ver en el recuadro de abajo, el programa **Find** no tuvo ningún problema para encontrar el archivo *Tiquetes de avión* usando solamente la palabra *Tiquetes*. Si tiene muchos archivos con esta palabra, el programa **Find** mostrará una lista de todos los archivos en los cuales usó esta palabra. En este caso puede ser necesario abrir todos los archivos para buscar el que necesita.

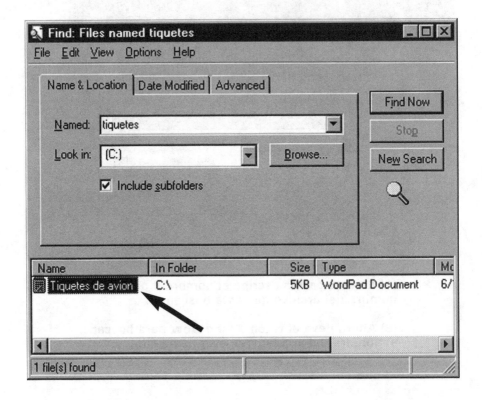

Si desea trabajar con este archivo lleve el ratón encima del nombre y oprima el botón izquierdo dos veces.

CÓMO SALIR DE WINDOWS 95

Antes de apagar la computadora es necesario salir completamente de Windows 95 ya que de lo contrario puede que el programa no funcione bien la próxima vez que trate de usarlo.

Para salir completamente lleve el ratón a **Start** y elija **Shut Down**.

Elija Shut Down para salir de Windows 95.

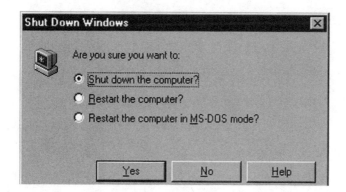

Cuando vea este recuadro elija Yes para salir de Windows 95 y espere hasta recibir el mensaje anunciando que puede apagar la computadora.

RESUMEN

Windows 95, que salió a la venta el 24 Agosto de 1995, es un sistema operativo completo, es decir no necesita de DOS.

Muchas de las funciones para usar Windows 95 trabajan de la misma manera que en Windows 3.1.

El símbolo de **Start** es el punto de partida para trabajar con programas en Windows 95.

En Windows 95, es posible usar más de 200 letras para nombrar un archivo.

Para terminar una sesión de Windows 95 lleve el ratón a **Start** y elija **Shut Down** antes de apagar la computadora.

Capítulo quinto

LOS DIFERENTES TIPOS DE PROGRAMAS

Los programas para computadoras se pueden dividir en muchos tipos diferentes. Los más importantes son:

- *Procesadores de palabras*
- *Hojas de cálculo*
- *Bancos de datos*

Los procesadores de palabras o *Word Processors*, son los que se usan para escribir cartas, como el programa WordPerfect.

Las hojas de cálculo *Spreadsheets*, como su nombre lo indica, sirven para calcular cifras, como la hoja de cálculo Lotus 123.

Los bancos de datos o *Databases* sirven para guardar información de manera que sea fácilmente accesible para el operador de la computadora. El mejor ejemplo de un banco de datos es el programa **dBase**.

La ventaja de usar una computadora consiste en poder crear algo (como una carta) y guardarla para ser utilizada en otra oportunidad.

La manera como se guarda información en casi todas las plataformas (DOS y Windows) es igual. Primero se elige **File**, o sea archivo y después se elige **Save** (guardar) y luego se usa un nombre único que lo distinga de los demás archivos.

REGLAS PARA NOMBRAR ARCHIVOS EN DOS Y WINDOWS 3.1

Un archivo puede tener, entre combinación de letras y números, un máximo de ocho caracteres de largo y tener una extensión de tres caracteres, por ejemplo:

TEST5.TXT

(A) El nombre del archivo puede tener un máximo de ocho caracteres.

(B) Extensión que indica el tipo de archivo, de un máximo de tres caracteres.

NOTA

En Windows 95 no existe esta limitación y como pudo ver en el capítulo anterior, es posible usar más de 200 caracteres para nombrar un archivo.

VENTAJAS DE USAR UNA COMPUTADORA PARA GUARDAR ARCHIVOS

Una de las ventajas de guardar información en una de las unidades de almacenamiento permanentes como el disco duro o la unidad de discos flexibles, es que pueden guardar mucha más información que un archivo de oficina.

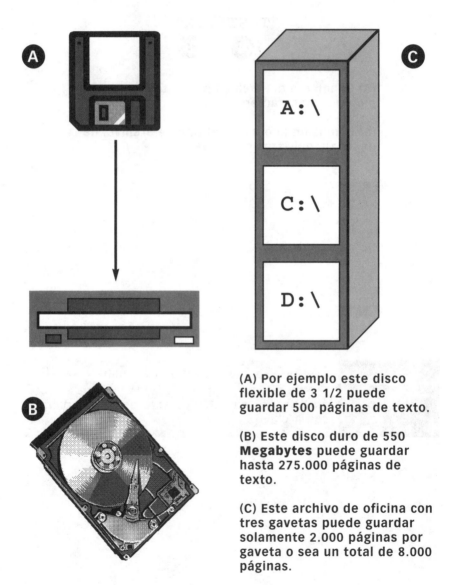

(A) Por ejemplo este disco flexible de 3 1/2 puede guardar 500 páginas de texto.

(B) Este disco duro de 550 **Megabytes** puede guardar hasta 275.000 páginas de texto.

(C) Este archivo de oficina con tres gavetas puede guardar solamente 2.000 páginas por gaveta o sea un total de 8.000 páginas.

Otra de las ventajas que estas unidades de almacenamiento, como el disco duro o disco flexible ofrecen sobre un archivo de oficina, es la rapidez con la cual pueden encontrar información. Es decir, si tuviera que buscar una carta en un archivo de 50.000 cartas, le puede tomar un largo tiempo encontrarla, mientras que en una computadora este proceso no toma más de 30 segundos.

Para que este proceso sea más rápido el sistema operativo permite la división de estas unidades de almacenamiento de datos en *directorios y subdirectorios.*

Por ejemplo, a pesar de que el archivo **Friday.Txt** se encuentra al final del cuarto subdirectorio del directorio **Aldus**, es posible encontrarlo de inmediato escribiendo **C:\Dir Friday.Txt/S**

```
C:\Aldus\Addition\Template\Caldates\Days\Friday.Txt
```

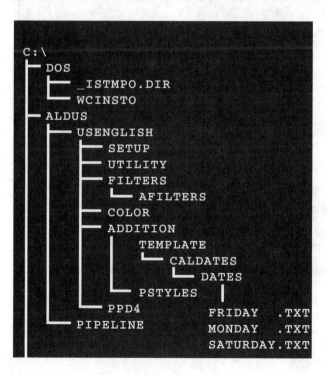

Como puede ver en este diagrama, el archivo que busca está escondido (**Friday.Txt**), pero aún así la computadora no tiene ningún problema en encontrarlo.

CÓMO GUARDAR ARCHIVOS DE MANERA PERMANENTE

Para seguir este ejemplo abra un procesador de palabras como por ejemplo **Write** y escriba una carta (si tiene Windows 95 use **Wordpad**).

Para abrir **Write** lleve el ratón al grupo **Accessories**.

Para abrir este grupo de programas oprima el botón izquierdo del ratón dos veces.

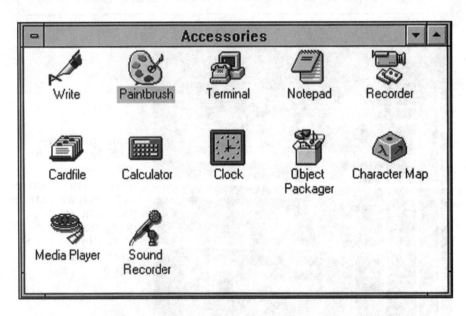

Para abrir Write oprima el botón izquierdo del ratón dos veces.

Todos los programas para Windows 3.1, Windows 95 y algunos programas para DOS, tienen lo que se llama **Pull Down Menus**, con los cuales se efectúan la mayoría de las acciones como guardar y abrir un programa.

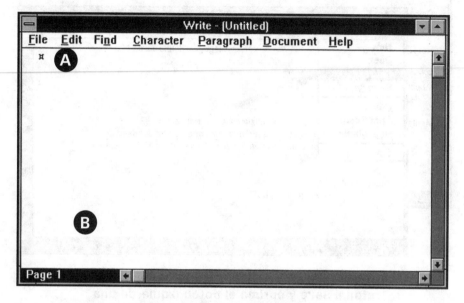

(A) Para llegar a un **Pull Down Menu**, lleve el ratón a **File** o a cualquiera de los otros nombres y oprima el botón izquierdo una vez.

(B) Ahora escriba una carta en **Write** para después guardarla de manera permanente.

Una vez que termine de redactar la carta lleve el ratón a **File.**

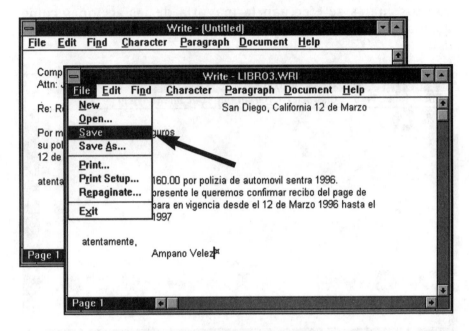

Una vez que vea este **Pull down Menu**, lleve el
ratón a Save y oprima el botón izquierdo una
vez.

NOTA

El proceso de guardar archivos es muy parecido en todas las plataformas gráficas, incluyendo la Macintosh y muy similar en la mayoría de
los programas para DOS escritos después de
1992.

CÓMO NOMBRAR ARCHIVOS

En este recuadro escriba el nombre que quiere usar para el archivo. Los programas automáticamente le dan una extensión a los archivos. Por ejemplo, si nombra una carta como **Text5** pero no le asigna una extensión, el programa le dará la extensión **WRI** automáticamente. Así **Test5** será reconocido como el archivo **Text5.Wri** o sea un archivo creado con el programa **Write**.

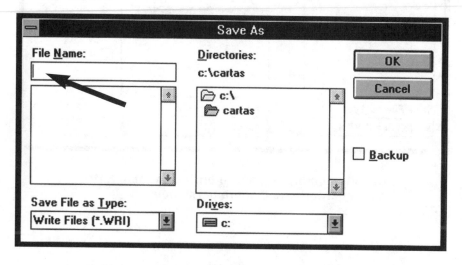

En este recuadro escriba el nombre que desea usar para el archivo.

NOTA	A nivel de un directorio o carpeta no es posible tener *dos archivos* con el mismo nombre. Por ejemplo, si escribe una carta a su banco y usa el nombre *Banco*, la próxima vez que tenga correspondencia con el mismo banco use el nombre *Banco01* y así sucesivamente.

Ahora que escogió el nombre para el archivo elija **OK**, para guardarlo de manera permanente.

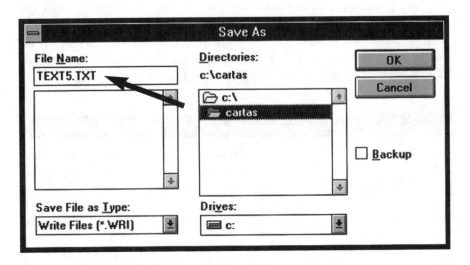

Cuando nombre el archivo oprima la tecla **Enter** para guardarlo de manera permanente.

| NOTA | Cuando guarde un archivo en una de estas unidades de almacenamiento de datos, éste permanecerá ahí hasta que lo borre |

CÓMO GUARDAR ARCHIVOS EN LOS DISCOS FLEXIBLES

Para guardar un archivo en un disco flexible, lleve el ratón a **Drives** y elija la unidad de discos flexibles en la cual quiere guardar el archivo.

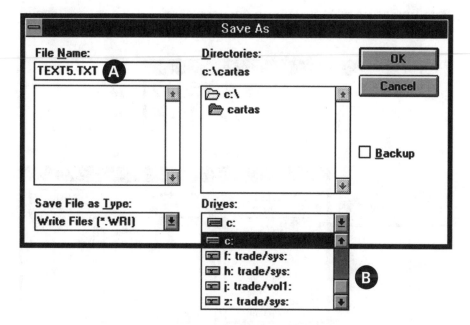

(A) Primero escoja el nombre del archivo y escríbalo en esta casilla.

(B) Para guardar un archivo en la unidad de discos flexibles **A:**, lleve el ratón a esta barra de control, oprima el botón izquierdo y después escoja la letra **A:**.

Unidad de discos flexibles de 3 1/2

Ahora inserte el disco en la unidad de discos flexibles **A:** y elija **OK** oprimiendo la tecla **Enter**.

CÓMO ABRIR ARCHIVOS

El procedimiento para usar un archivo que ya se encuentra en el
disco duro es el mismo en todos los programas para Windows y
DOS. Sólo cambia un poco en los programas para DOS que
salieron antes de 1992.

Para buscar un archivo que se encuentre en el disco duro, lleve el
ratón a **File** para ver el menú de abajo.

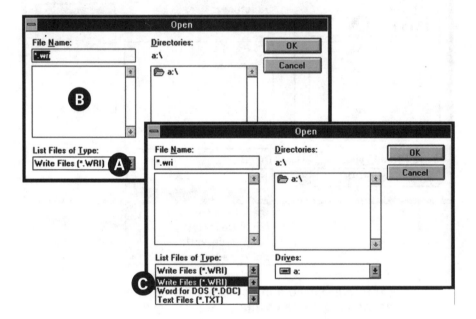

(A) Este recuadro muestra cómo sólo los
archivos con la extensión Wri son visibles.

(B) En este recuadro verá los archivos que están
disponibles para ser abiertos. En este caso no
hay archivos disponibles.

(C) Para ver todos los archivos lleve el ratón a
List Files of Type: y elija **All Files** (*.*) oprimiendo el botón izquierdo una vez. De esta
manera puede ver todos los archivos que se
encuentran a nivel del directorio que aparece
en la pantalla de arriba.

Cuando vea la lista de diferentes tipos de archivos en el menu de **List Files of Type**, elija **All Files** (todos los diferentes tipos de archivos). Ahora aparecerán en la pantalla de la izquierda todos los archivos disponibles al nivel del directorio de la derecha.

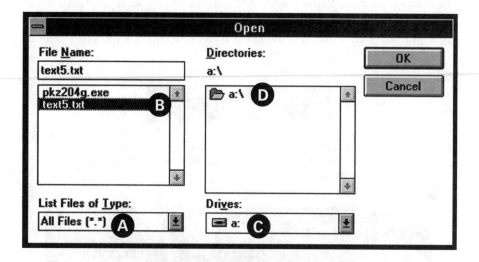

(A) Esta casilla indica el tipo de archivo que aparecerá en el recuadro de arriba.

(B) Ahora lleve el ratón encima del archivo con el cual desea trabajar y oprima el botón izquierdo una vez para seleccionarlo.

(C) Este es el nivel de la unidad de almacenamiento de datos, en este caso la unidad de discos flexibles **A:**

(D) Este es el nivel del directorio en el cual se encuentran los archivos de la izquierda, la raíz de **A:**

NOTA

En este caso al nivel de la raíz de **A:** existen solamente dos archivos, uno con la extensión **.Txt** y otro con la extensión **.EXE**.

CÓMO ABRIR ARCHIVOS EN DOS

Si desea buscar archivos en DOS y el programa que está usando tiene el mismo tipo de menú de este ejemplo, se puede abrir de la misma manera como en el editor de palabras **Edit** (este viene incluido con las últimas versiones de DOS). Use la combinación de teclas **ALT** y **F** para ver el menú **Open** (abrir). Si el programa no tiene este tipo de menú, consulte el manual que vino con el programa.

```
C:\>edit
```

Si tiene una versión reciente del sistema operativo, por ejemplo MS-DOS 6.2, escriba **Edit** para usar el editor de DOS.

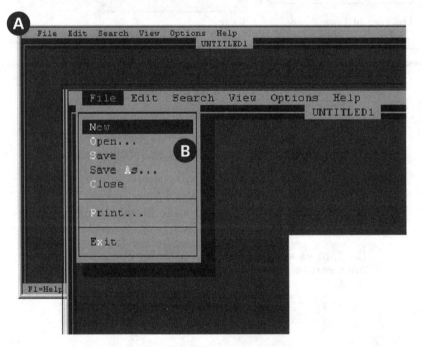

(A) Este es el tipo de menú conocido como **Pull Down Menu**.

(B) Una vez que vea este menú elija **Open** para buscar el archivo con el cual quiere trabajar.

El recuadro de abajo es el que se usa para abrir archivos en **Edit**, un editor de palabras que viene con el sistema operativo MS-DOS 6.22. Este es muy parecido a los que puede encontrar en diferentes programas para DOS.

(A) Si sabe el nombre del archivo que está buscando escríbalo en esta casilla y oprima la tecla **Enter**. Como por emjemplo c:\cartas\viaje.txt.

(B) Este es el nivel al cual están los archivos que se ven en la lista de la abajo, la raíz de **C**:\. Si no encuentra el archivo que está buscando, cambie de directorio.

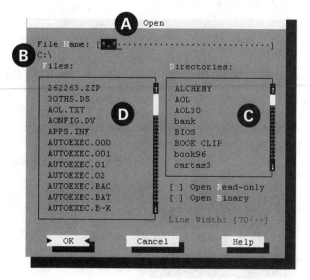

(C) Para cambiar de directorio use la tecla **TAB** hasta llegar a este recuadro, ahora use las flechas hasta llegar al directorio que desea abrir, oprima la tecla de espacio y después la de **Enter**.

(D) Ahora use la tecla **TAB** para llegar a esta recuadro, finalmente use la flechas hasta encontrar el archivo que desea usar y después oprima la tecla **ENTER**.

Estas flechas en el teclado se usan para hacer selecciones.

NOTA

En muchos programa para DOS, como WordPerfect, es posible abrir archivos al mismo tiempo que entra al programa. Por ejemplo, si esta a nivel del directorio de WP, escriba WP C:\cartas\viaje,txt y confirme con **Enter**.

LA DIFERENCIA ENTRE GUARDAR ARCHIVOS USANDO SAVE O SAVE AS

Cuando trabaje con archivos es importante reconocer la diferencia entre **Save** y **Save As.**

Save, sólo debe ser usado para guardar archivos por primera vez. Es decir, cuando termine de crear un archivo use **Save** y elija la unidad de almacenamiento de datos en la cual quiere guardarlo.

La próxima vez que use **Open** para trabajar con un archivo y hacer cambios, use **Save As**; ahora cámbiele el nombre al archivo original para preservarlo. También puede añadirle un número, para crear un archivo completamente nuevo.

Siempre use **Save As** cuando haga cambios a un archivo que no debe cambiar, a menos que su trabajo le requiera usar **Save**.

NOTA

La desventaja de usar **Save** para guardar archivos que no le pertenecen, es que si por ejemplo recibe una carta de cincuenta páginas para que haga cambios y por equivocación borra veinte páginas y después usa **Save**, la computadora inmediatamente asume que usted desea borrar estas veinte páginas de una manera permanente.

CÓMO USAR LOS PROGRAMAS DEL TIPO SPREADSHEET

En español se conoce como hoja de cálculo y fué uno de los primeros programas que se escribieron para computadoras personales. Son muy útiles, ya que evitan el trabajo de tener que sumar o restar totales en una hoja de contabilidad.

El ejemplo que sigue fué escrito en Microsoft Excel y explica las funciones más básicas de una hoja de cálculo.

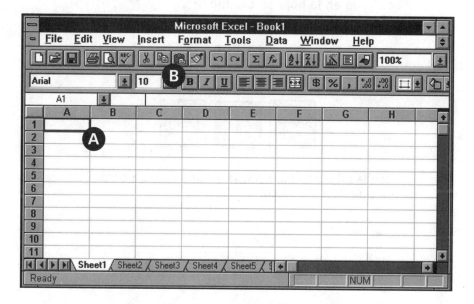

(A) Esta es la primera pantalla que aparece en **Excel** y cada cuadro se llama **Cell** (celda).

(B) La barra de herramienta o **Toolbar** sirve para automatizar el uso de la computadora.

Las flechas en el teclado son muy útiles cuando está escribiendo (**Data Entry**) información en una hoja de cálculo y desea continuar en otra celda. Para usarlas sólo oprima la flecha correspondiente en la dirección en la cual desea seguir escribiendo.

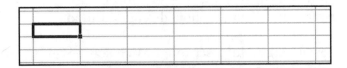

Esta celda sombreada representa la posición de entrada en la hoja de cálculo.

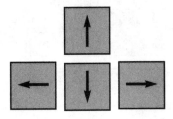

Use las flechas para pasar de una celda a otra en una hoja de cálculo.

NOTA   Estas flechas también son muy útiles para corregir texto en otros programas para Windows y DOS.

EL PUNTO DE ENTRADA A UNA HOJA DE CÁLCULO

Es la celda alrededor de la cual las líneas están sombreadas.

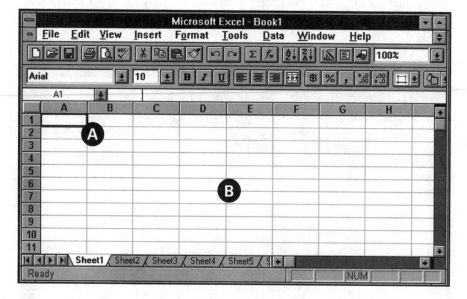

(A) Esta celda sombreada, representa la posición de entrada para empezar a escribir.

(B) En cada una de estas celdas se pueden escribir números o letras.

COMO CREAR TÍTULOS EN UNA HOJA DE CÁLCULO

Cuando escriba en este nivel, recuerde que el principio del texto que escribió en esta línea, aparecerá al principio de la celda que está sombreada.

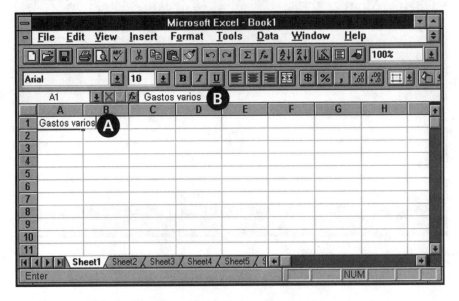

(A) Cuando elige **Enter** el texto que escribió arriba aparecerá a lo largo de diferentes celdas empezando en ésta.

(B) Aquí se pueden escribir títulos para hacer que la hoja de cálculo sea más organizada. Una vez que los escriba oprima la tecla **Enter**.

| NOTA | Si desea borrar el contenido de una celda regrese a ésta usando las flechas y oprima la tecla **Delete**. |

Para seguir este ejemplo diseñe una hoja de cálculo como la del recuadro de abajo.

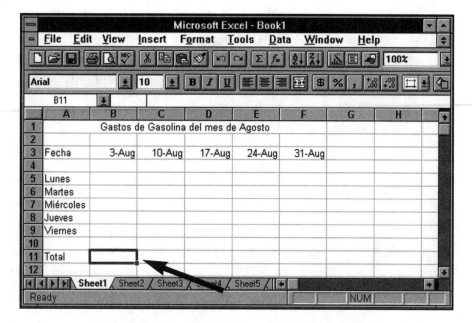

Ahora es necesario decirle al programa cuáles son las celdas que debe sumar para conseguir los totales de la semana y del mes.

Ahora elija una celda donde desee ver los totales de la semana y del mes.

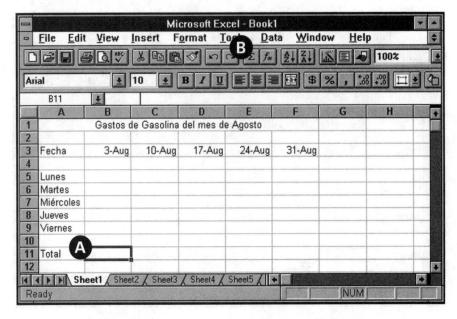

(A) Por ejemplo, si desea ver el total de la semana que termina el 3 de agosto en esta celda, use las flechas para seleccionarla.

(B) Ahora lleve el ratón a este símbolo de sumar y oprima el botón izquierdo una vez.

Para elegir los cuadros que desea sumar, lleve el ratón al primero mientras oprime el botón izquierdo, en este caso el *lunes* y mueva hacia abajo hasta que la última celda que desea sumar esté seleccionada (*viernes*) y oprima la tecla **Enter**.

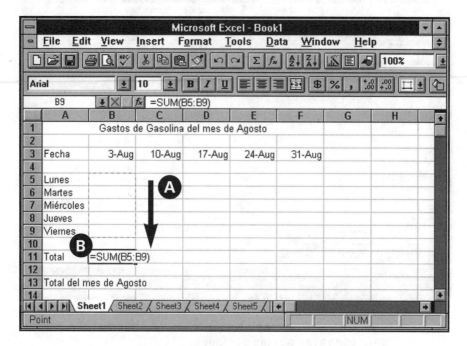

(A) Para incluir todos los días de la semana lleve el ratón hasta el primer día de la semana mientras sostiene el botón izquierdo.

(B) Esta fórmula le indica al programa que sume todos los valores que encuentre entre las celdas **B6** y **B10**.

Al oprimir **Enter** la fórmula está lista para trabajar y si desea puede copiarla a otra celda.

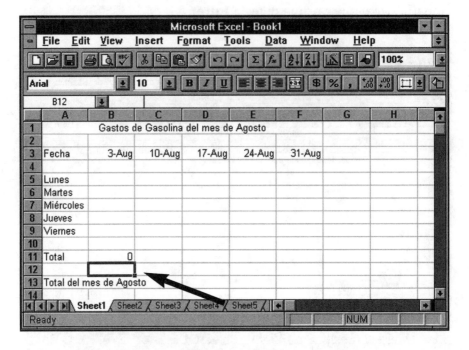

Ahora es posible copiar esta fórmula y usarla para todas las demás semanas.

Si desea puede copiar esta fórmula y usarla para conseguir totales para todas las otras semanas.

(A) Para copiar esta fórmula en todas las demás semanas, lleve el ratón a esta celda y oprima el botón izquierdo una vez y use la combinación de teclas **ALT-C** para copiarla.

(B) Finalmente lleve el ratón a cada una de las otras celdas que representan las semanas del mes en la línea de totales y use la combinación de teclas **ALT-V** para pegar la fórmula de la celda anterior.

Cada una de estas fórmulas sumará el total de cada semana, cuando el usuario escriba una cantidad en las celdas indicadas.

Para completar la hoja de cálculo, sólo queda crear una fórmula para conseguir un total para todo el mes de agosto.

Para hacer la fórmula, primero elija dónde desea ver el total del mes.

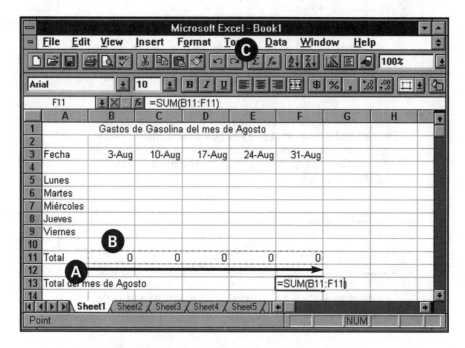

(A) Para terminar la fórmula, lleve el ratón a la primera celda, (en este caso el total de la semana del 3 de agosto) sostenga el botón izquierdo del ratón mientras mueve hacia la derecha, hasta que llegue a la celda del 31 de agosto y oprima **Enter**.

(B) Primera celda para incluir en la suma.

(C) Una vez que la celda en la cual desea ver el total del mes esté elegida, lleve el ratón al símbolo de sumar.

Para probar si funciona puede escribir cantidades en las columnas
correspondientes a cada día.

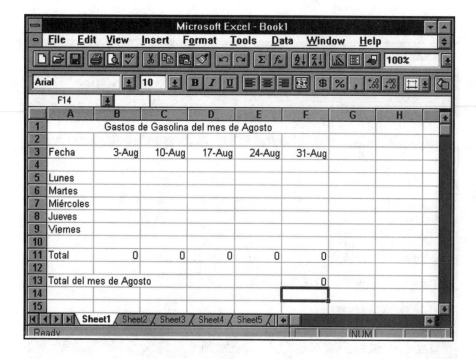

Una hoja de cálculo puede ahorrarle mucho tiempo, si tiene muchos números para sumar. Lo único que tiene que hacer es entrar las cantidades y la hoja de cálculo hace el resto.

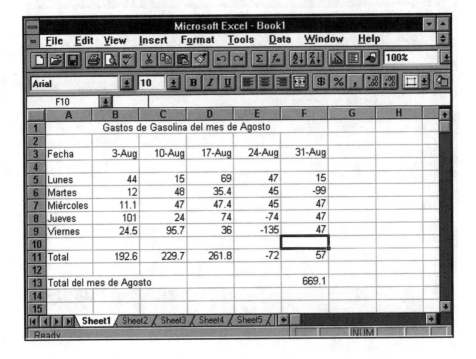

	A	B	C	D	E	F	G	H
1			Gastos de Gasolina del mes de Agosto					
2								
3	Fecha	3-Aug	10-Aug	17-Aug	24-Aug	31-Aug		
4								
5	Lunes	44	15	69	47	15		
6	Martes	12	48	35.4	45	-99		
7	Miércoles	11.1	47	47.4	45	47		
8	Jueves	101	24	74	-74	47		
9	Viernes	24.5	95.7	36	-135	47		
10								
11	Total	192.6	229.7	261.8	-72	57		
12								
13	Total del mes de Agosto					669.1		
14								
15								

NOTA   Para entrar un valor negativo use el guión (-) que se encuentra encima de la letra *P*.

CÓMO USAR LA IMPRESORA

La impresora es una de las opciones mas útiles que se puede añadir a una computadora y para algunas situaciones de trabajo, la más vital, por ejemplo imprimir cartas.

En Windows y Windows 95 el proceso de imprimir un archivo es igual para todos los programas. Primero lleve el ratón a **File** y oprima el botón izquierdo una vez, después elija **Print**.

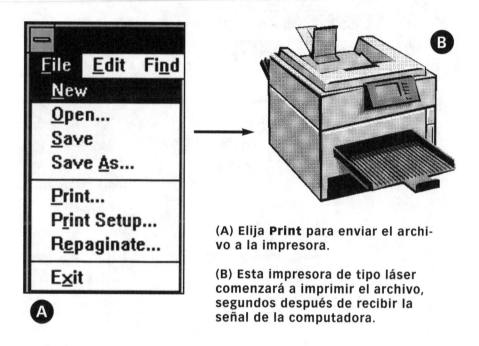

(A) Elija **Print** para enviar el archivo a la impresora.

(B) Esta impresora de tipo láser comenzará a imprimir el archivo, segundos después de recibir la señal de la computadora.

NOTA

El proceso para imprimir en DOS es el mismo que en Windows, si el programa que está usando tiene el tipo de menú que se puede activar con la combinación de teclas **ALT** y **F**. Si el programa no tiene este tipo de menú, consulte la documentación que vino con el programa.

CÓMO ENVIAR FAXES EN WINDOWS

Si tiene una computadora con un **Fax Modem**, puede enviar **Faxes** (también es necesario tener un programa para enviar Faxes). Para enviar un **Fax** primero lleve el ratón a **File** y después elija **Print**.

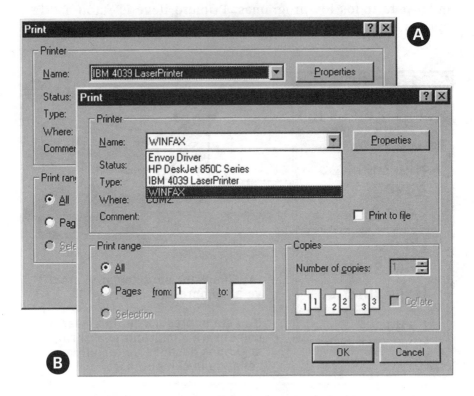

(A) Si esta línea no se refiere a un programa para **Faxes**, lleve el ratón a **Name** y oprima el botón izquierdo una vez.

(B) Para completar, oprima el botón izquierdo una vez, sobre el programa para enviar **Faxes** (en este caso WINFAX).

| NOTA | Si tiene Windows 3.1, en el menú de print, elija Setup y después el programa para enviar faxes. |

Por ultimo, escoja el **Fax Modem** como la impresora que desea usar. Ahora podrá usarlo eligiendo **OK** en el menú de **Print**.

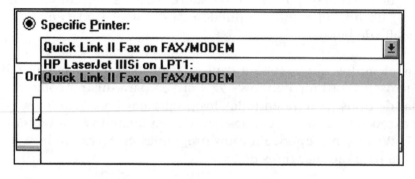

◉ Specific **P**rinter:

| Quick Link II Fax on FAX/MODEM | ± |
| HP LaserJet IIISi on LPT1: |
| Or Quick Link II Fax on FAX/MODEM |

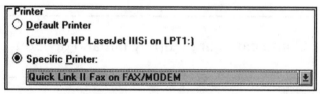

Printer
○ **D**efault Printer
   (currently HP LaserJet IIISi on LPT1:)
◉ Specific **P**rinter:

| Quick Link II Fax on FAX/MODEM | ± |

En este menú el Fax es la impresora que recibirá la orden de imprimir.

Si envía un Fax a otra computadora o a una máquina de Fax que se encuentre a 2.000 millas de distancia de la computadora, éste se parecerá mucho al trabajo que sale de la impresora que tiene conectada a su computadora.

CÓMO USAR DIFERENTES TIPOS Y TAMAÑOS DE LETRA

Una de las ventajas de Windows sobre DOS, es la facilidad con la cual, usando el ratón, se pueden cambiar el tipo (**Font**) y el tamaño de letra.

Los ejemplos que siguen a continuación fueron hechos usando Microsoft Word for Windows 95 y sirven para ilustrar cómo cambiar de tipos de letra en todos los programas para Windows, con la excepción de los programas que vienen incluidos con Windows 3.1, **Write** y **Notepad**. En estos programas es necesario buscar el menú para cambiar tipos de letras.

> Cómo cambiar de tipo y tamaño de letra

Para cambiar este párrafo que está representado en la pantalla con el tipo de letra Times Roman de tamaño número 14, lleve el ratón a la primera C y sostenga el botón izquierdo mientras mueve hacia la derecha, hasta que toda la selección que desea cambiar esté *sombreada*.

> Cómo cambiar de tipo y tamaño de letra

Ahora es posible escoger de la lista de tipos y tamaños de letra que tiene instalados en la computadora para cambiar esta selección.

CÓMO CAMBIAR EL TIPO DE LETRA

Para cambiar el tipo de letra, primero seleccione el texto que desea cambiar.

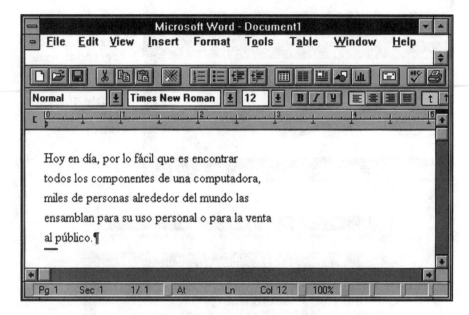

Ahora lleve el ratón representado en la pantalla por la *flecha*, encima del *comienzo* del texto que desee cambiar y oprima el botón izquierdo mientras hala hacia la derecha y hacia abajo, hasta que el texto que desee cambiar esté *sombreado*.

| NOTA | Este proceso de cambiar el tipo y el tamaño de letra se puede usar para cambiar desde *una* letra hasta *toda una carta*. |

Cuando el texto que desee cambiar está seleccionado, es posible cambiarle el tipo y el tamaño de letra.

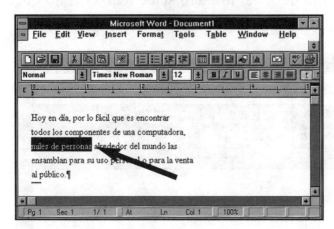

Una vez que el texto *miles de personas* está elegido, es posible cambiarle el tipo o tamaño de letra.

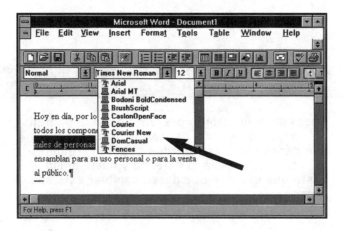

Lleve el ratón al menú de cambiar tipos de letra y ábralo oprimiendo el botón izquierdo del ratón una vez; para buscar el tipo de letra que desea usar, use las barras de control y cuando lo encuentre, selecciónelo oprimiendo el botón izquierdo una vez encima del nombre del tipo de letra que desea usar.

NOTA

Si el programa que está usando es para Windows y no tiene barras de herramientas como en este ejemplo, es posible que la opción para cambiar tipo de letras esté debajo de **Format**.

CÓMO CAMBIAR EL TAMAÑO DE LETRA

Si desea cambiar el tamaño de letra mientras el texto que desee cambiar está seleccionado, lleve el ratón a los números de la barra de herramientas y oprima el botón izquierdo una vez.

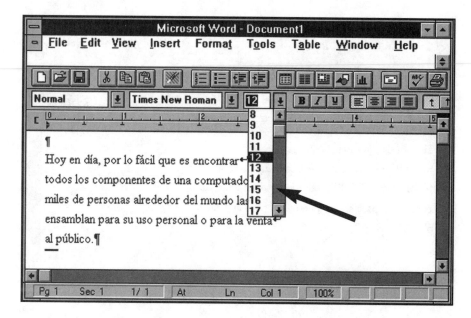

Lleve el ratón a esta barra de control, mientras oprime el botón izquierdo una vez para ver el menú de cambiar el tamaño de letra. Para elegirlo, oprima el botón izquierdo una vez sobre el número al cual desea cambiar el tamaño de letra.

NOTA

Cuando usa Windows y ve una carta o gráfica en la pantalla y la imprime, el resultado se parecerá mucho a lo que ve en la pantalla; esto se llama **WSIWYG** o en Español *"lo que usted ve en la pantalla es lo que obtendrá en el papel"*, (mientras mejor sea la impresora más parecida será la copia que sale de ésta a lo que está viendo en la pantalla).

Ahora puede ver claramente que el texto **miles de personas** está escrito en un tipo y tamaño de letra diferentes.

Este proceso puede ser repetido cuantas veces quiera dentro de una carta para cambiar de tipo de letra.

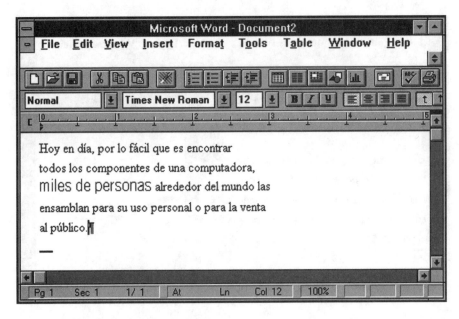

Este texto está escrito en el tipo de letra
Helvetica de 14 puntos.

NOTA	Este proceso también se puede seguir para cambiar el tipo de letra en algunos programas para DOS, si tienen el mismo tipo de menú.

CÓMO USAR LA Ñ Y LOS ACENTOS

Si trabaja en Windows y su teclado no tiene la *ñ*, use el programa **Character Map**.

Si usa Windows 3.1 o Windows para trabajo en grupos 3.11, abra este programa llevando el ratón al grupo **Accessories** y elija el símbolo de **Character Map**, y oprima el botón izquierdo dos veces.

Si usa Windows 95, lleve el ratón a **Start** y oprima el botón izquierdo una vez.

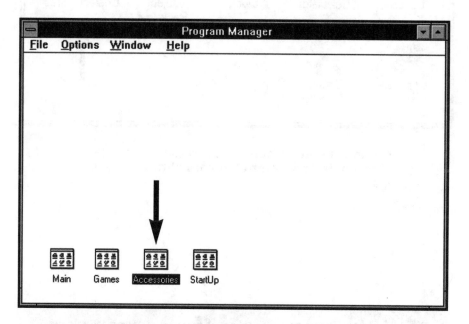

Lleve el ratón a **Programs** mientras mueve hacia la derecha y hacia arriba para buscar el grupo **Accessories**.

Escoja el programa **Character Map** para buscar la *ñ* o uno de los acentos.

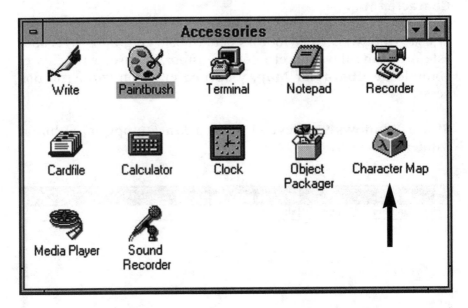

Oprima el botón izquierdo del ratón encima del símbolo de **Character Map** para abrir el programa.

NOTA	Este programa es el mismo si tiene Windows 3.1, Windows para trabajo en grupo 3.11 o Windows 95.

Por ejemplo si desea corregir una carta como la de abajo, puede buscar la *ñ* de la siguiente manera:

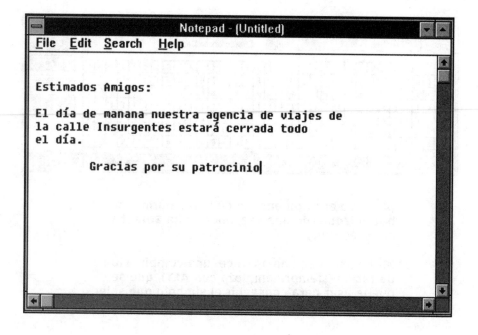

Para escoger el símbolo que desea usar, elija **Select** y después **Copy**.

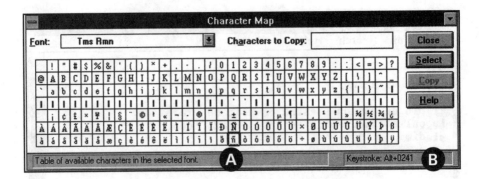

(A) Lleve el ratón encima de la ñ y oprima el botón izquierdo una vez, ahora elija **Select** y después **Copy**.

(B) En esta esquina aparece una combinación de teclas (siempre empieza con **ALT**), que se puede usar para conseguir el símbolo que seleccionó.

NOTA	Use el mismo procedimiento para añadir acentos a sus cartas. Por ejemplo, la á se puede conseguir con la combinacion de letras ALT-0225.

Lleve el ratón a un lado de la palabra que desea cambiar, oprima
el botón izquierdo una vez y use la combinación de teclas **ALT-V**
para copiar la ñ.

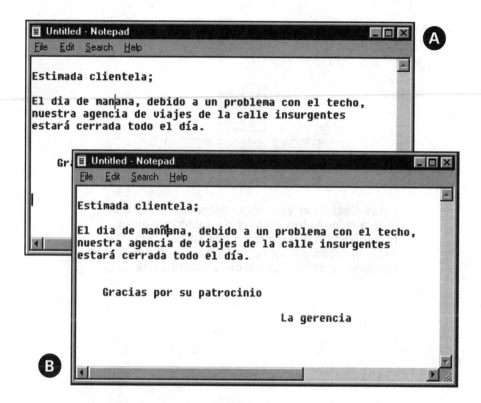

(A) La barra al lado de la letra *n*, indica dónde la
palabra que eligió del **Character Map** será
insertada (si está borrando letras al hacer un
cambio oprima la tecla de **Ins**).

(B) Para quitar la *letra* que sobra, use las flechas que están en la parte inferior del teclado.
Lleve la barra que indica el punto de entrada a
escribir después de la *n* y oprima la tecla de
Backspace una vez.

CÓMO USAR LAS FLECHAS EN EL TECLADO

Las flechas en la parte inferior del teclado son muy útiles para editar palabras en un documento.

La ventaja de usar estas flechas para corregir es que al contrario de la tecla de **Backspace** no borran texto a medida que las usa.

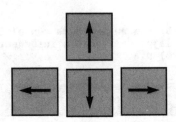

Estas flechas sirven para colocar la barra que indica la posición de *partida a escribir* en el teclado al final de la letra que desee cambiar o lleve el ratón adelante de la letra que desee cambiar, y oprima el botón izquierdo una vez.

RESUMEN

Los tipos de programas más comunes son: procesadores de palabras, hojas de cálculo y bancos de datos.

Un archivo puede tener un nombre de ocho caracteres y una extensión de tres, si está usando DOS o Windows 3.1.

La mayor ventaja de almacenar datos en una computadora, es que ésta puede guardar mucha más información que un archivo de oficina.

En casi todas la plataformas gráficas el proceso de guardar un archivo es el mismo; primero lleve el ratón a **File** y después elija **Save**.

Use **Save As** si está haciendo cambios a un archivo y desea preservar el original.

Si está usando Windows 3.1 o Windows 95 y desea usar acentos o la letra *ñ*, abra el programa **Character Map** del grupo **Accessories**.

MODEM

Modem es una de las opciones más populares para las computadoras personales y ha creado casi una revolución en el mundo de las comunicaciones.

Hoy en día hay miles de personas que gracias a los **Modems** no necesitan salir de sus casas para terminar su jornada de trabajo.

Un **Modem** puede convertir la información que proviene de la computadora, a datos que pueden ser enviados por medio de las líneas telefónicas.

La gran mayoría de los **Modems** en venta hoy en día también tienen la capacidad de enviar **Faxes (Fax-Modem).**

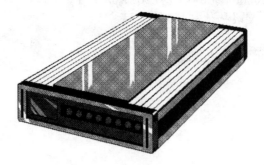

Este es un Modem externo

SERVICIOS EN LÍNEA

A través de los años han ido apareciendo servicios en línea (**Online Services**), que son compañías con supercomputadoras capaces de servir a miles de computadoras más pequeñas.

Estos servicios funcionan como bibliotecas, como revistas electrónicas, como agencias de viajes y mucho más.

Lo único que necesita para usar estos servicios es una computadora personal, un **Modem** y una línea telefónica.

Hoy en día existen muchas compañías dedicadas a ofrecer este tipo de servicios; las más conocidas son:

- **America Online**
- **Compuserve**
- **Prodigy**
- **MSN**

Por lo general estas compañías le ofrecen diez horas gratis para ensayar el servicio por un mes y si no le gusta, debe cancelarlo tan pronto como le sea posible, ya que a partir del segundo mes su tarjeta de crédito mostrará un cargo por el valor del servicio, basico, mas un cargo extra por las horas que uso en exceso de las cinco o dietz permitidas.

Estos ejemplos fueron creados con America Online 3.0; este programa es gratis y lo puede pedir a la compañía. Llamando al 1-800-827-6364.

El programa para usar America Online es actualizado con cierta frecuencia, por esto es posible que algunos de los ejemplos en este libro aparezcan de manera diferente en su computadora.

Este mundo de los servicios en línea es una travesía que hace solo o en compañía de su familia a un mundo **Virtual**, que no existe en ninguna parte y existe en todas partes llamado **Cyberspace** (o espacio cibernético).

INTERNET

El Internet fue desarrollado como un sistema alterno de comunicaciones para el uso exclusivo del departamento de defensa de los Estados Unidos.

A través de los años las grandes universidades y algunos centros de investigación, conectaron sus computadoras a esta red; después siguieron las compañías y así sucesivamente hasta el día de hoy cuando es posible encontrar a casi todos los países del mundo representados en el Internet.

También es importante notar que la razón por la cual no es fácil de usar, es porque fué escrito por científicos para científicos, en un sistema operativo excelente llamado UNIX. Este es uno de los sistemas operativos para computadoras personales más estables pero más difíciles de usar.

En la gráfica de abajo puede ver cómo en el Internet una persona
en Francia puede comunicarse con alguien en Chile a través del
Perú y alguien en México se puede conectar con una persona en
el Perú a través de Francia.

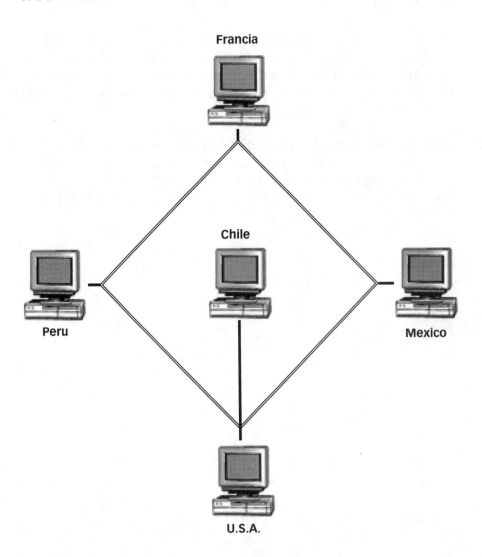

CÓMO LLEGAR AL INTERNET A TRAVÉS DE AMERICA ONLINE

Estos ejemplos son basados en la versión 3.0 del servicio en línea America Online (AOL).

Si no tiene AOL 3.0 puede pedirlo a la compañía.

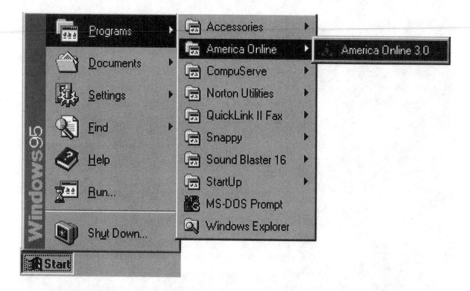

Para abrir AOL lleve el ratón sobre el símbolo y oprima el botón izquierdo dos veces.

NOTA

Si tiene **Call Waiting**, una opción muy popular que ofrecen las compañías telefónicas para permitirle saber si alguien lo está llamando mientras usa el teléfono, lo debe desactivar, ya que si alguien lo trata de llamar mientras esté conectado a uno de estos servicios, la conexión se perderá.

La pagina de abajo es la pantalla de bienvenida a AOL. Para comenzar escriba su contraseña en el espacio donde dice **Password**.

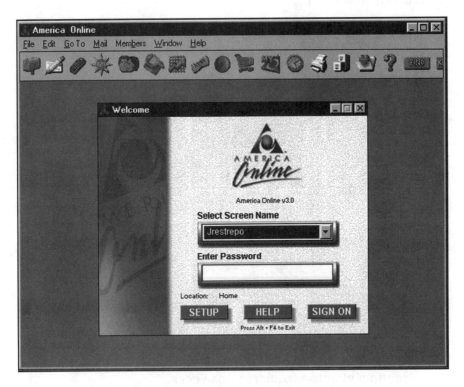

Para conectarse a America Online, lleve el ratón a el recuardo debajo de **Enter password** y oprima el botón izquierdo una vez. Ahora escriba su contraseña, lleve el ratón sobre **Sign On** y oprima el botón izquierdo una vez.

NOTA

A menudo cuando entre a AOL, la primera pantalla que vera le ofrecerá un libro o cualquier otra oferta. Si no entiende de que se trata lleve el ratón a "Cancel" y oprima el botón izquierdo una vez.

El **Modem** comenzará a marcar el número de teléfono y tratará de
establecer comunicación con las computadoras de America
Online.

Checking Password...

Cancel

Cuando el símbolo de America Online se ilumine
en este recuadro sólo faltará que AOL verifique
su contraseña.

NOTA La mayoría de los problemas que puede encontrar conectándose suceden en este punto; si
no puede establecer la conexión, anote todo lo
que vió en la pantalla y llame a AOL.

Esta es la pantalla de bienvenida a AOL.

(A) Para cerrar este recuadro, lleve el ratón a esta esquina y oprima el botón izquierdo dos veces.

(B) Este es el menú principal de AOL, elija **INTERNET CONNECTION**.

La pantalla de abajo es el menú de entrada para usar el Internet desde America Online.

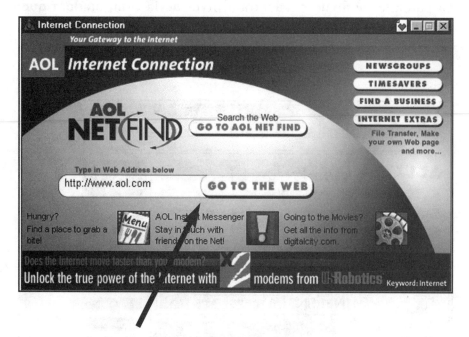

Finalmente, lleve el ratón a este símbolo (GO TO THE WEB) y oprima el botón izquierdo una vez.

NOTA	America Online también le permite saltar a un lugar, usando la combinación de teclas CTRL-K (Keyword), cuando este recuadro aparezca en la pantalla elija el lugar al que desea visitar. Por ejemplo si desea buscar información en el Internet escriba AOL NET FIND y elija GO, ahora escriba la información que desea buscar y después elija Search.

CÓMO BUSCAR INFORMACIÓN EN EL INTERNET

La pantalla de abajo encuentra a nivel de la computadora que AOL usa para salir al Internet.

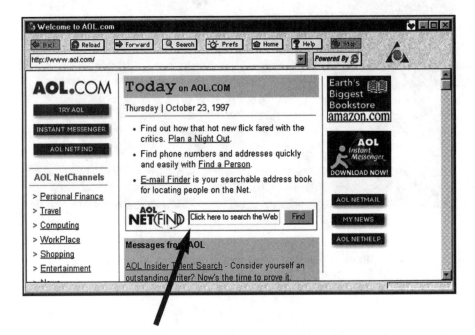

Para buscar información, lleve el ratón a la casilla al lado de Net Find y oprima el botón izquierdo una vez.

Este es el recuadro para usar AOL NET FIND. Un programa que le ayudara a buscar información en el Internet.

Lleve el ratón a la casilla debajo de AOL NET
FIND y oprima el botón izquierdo una vez.

Ahora puede escribir la descripción de lo que desea buscar en esta casilla.

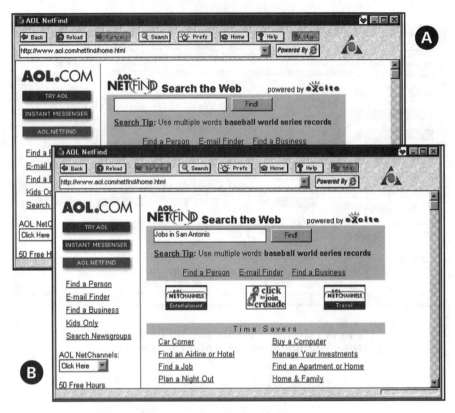

(A) En este recuadro escriba lo que desea buscar y despues lleve el ratón a Search.

(B) Por ejemplo, para buscar información acerca de trabajos en San Antonio, escriba **Jobs in San Antonio**. Finalmente oprima la tecla **Enter** para comenzar la búsqueda de la información.

NOTA	El Internet es la conglomeración de computadoras mas grande que existe en el mundo, por este mismo hecho es muy volátil, la información que encontró hoy puede ser cambiada a otra computadora, el día de mañana, sin dejar muchos rastros o explicaciones de por que cambio de lugar.

Por lo general cuando pida información a **AOL NET FIND** la encontrará; pero algunas veces es posible que no la encuentre; si esto sucede intente mas tarde.

En este caso el programa, **(AOL NET FIND)** encontró muchos documentos que están relacionados con trabajos en San Antonio.

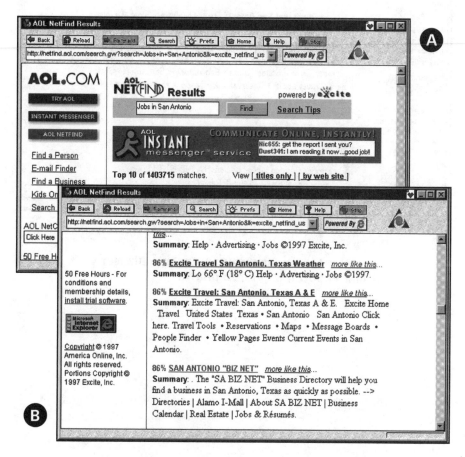

(A) Aunque AOL NET FIND encontró muchos documentos que tienen que ver con trabajos en San Antonio, los más importantes están al principio.

(B) Lleve el ratón a esta barra de control y oprima el botón izquierdo poco a poco para ver la lista de los documentos que AOL NET FIND encontró.

Por ejemplo en la pantalla de abajo elija **San Antonio Biz Net.**

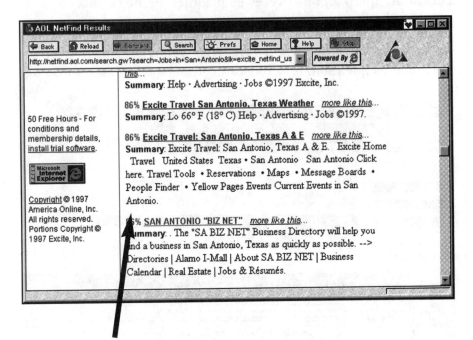

Lleve el ratón encima de San Antonio Biz Net y
oprima el botón izquierdo una vez.

NOTA	El Internet no pertenece a nadie en particular y la mayoría de la información acerca de trabajos en el gobierno y educación es gratuita.

La pantalla de abajo muestra la página Web de San Antonio Business Network.

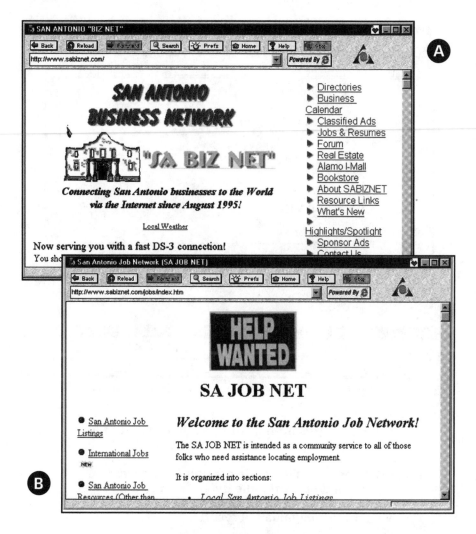

(A) Ahora lleve el ratón a Jobs & Resumes y oprima el botón izquierdo una vez.

(B) En esta pantalla lleve el ratón a San Antonio Jobs listing y oprima el botón izquierdo una vez.

Finalmente en la pantalla de abajo puede ver el servidor de SA JOB NET, en el área de San Antonio, Texas.

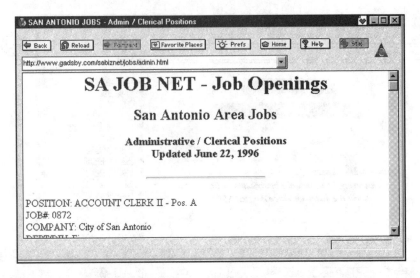

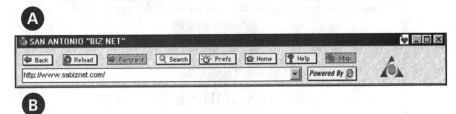

(A) Para regresar un paso atrás, lleve el ratón a Back, y orpima el botón izquierdo una vez.

(B) En esta casilla puede escribir la dirección completa de un sitio que quiera visitar; por ejemplo si escribe http://www.microsoft.com visitará la compañía Microsoft.

CÓMO USAR LAS ENCICLOPEDIAS EN AMERICA ONLINE

Una de las áreas más interesantes de America Online es la que le permite buscar información en varias enciclopedias; este intercambio de información es lo que se conoce como **The Information Superhighway** o autopista de información.

Estos ejemplos fueron creados en America Online 3.0, pero puede que funcionen con una versión más antigua.

En esta sección del libro aprenderá cómo buscar información en la enciclopedia Compton's.

Estos ejemplos fueron creados como medio de información más que de recomendación.

Por ejemplo, si desea buscar el texto del discurso que Abraham Lincoln pronunció en Gettysburg el 19 de noviembre de 1863, siga los siguientes pasos.

Primero, conéctese con America Online.

(A) Para llegar a la sección de referencia, cierre este recuadro llevando el ratón a esta esquina y oprima el botón izquierdo dos veces.

(B) Si usa Windows 95, lleve el ratón a la esquina derecha y oprima el botón izquierdo una vez sobre la **X** para cerrar este recuadro.

El recuadro de abajo muestra el menú principal de America Online y una de las opciones es **Reference Desk.**

Para usar la enciclopedia, lleve el ratón a **Reference Desk** y oprima el botón izquierdo una vez.

El recuadro de abajo le permite escoger diferentes enciclopedias; para estos ejemplos escoja la Compton's Living Encyclopedia.

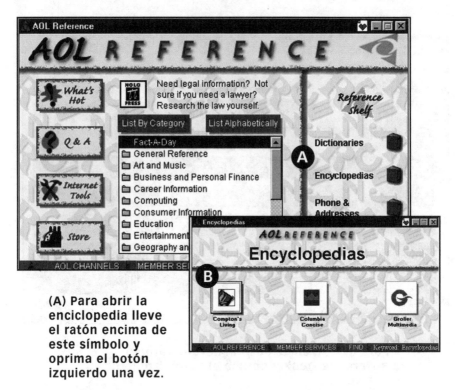

(A) Para abrir la enciclopedia lleve el ratón encima de este símbolo y oprima el botón izquierdo una vez.

(B) Ahora lleve el ratón encima de este símbolo para escoger la enciclopedia Compton's.

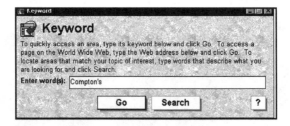

Si la versión de America Online que tiene no es la 3.0, use la combinación de teclas CRTL-K (Keyword), cuando este recuadro aparezca en la pantalla, escriba el lugar donde desea trabajar. Por ejemplo si desea buscar información en la enciclopedia escriba "Compton's" y después elija Search.

El recuadro de abajo representa el menú principal de la enciclopedia Compton's Living Encyclopedia.

Lleve el ratón a **Search All Text** y oprima el botón izquierdo una vez para comenzar a buscar información.

En el primer espacio en blanco del recuadro de abajo puede escribir una palabra que describa la información que desea encontrar.

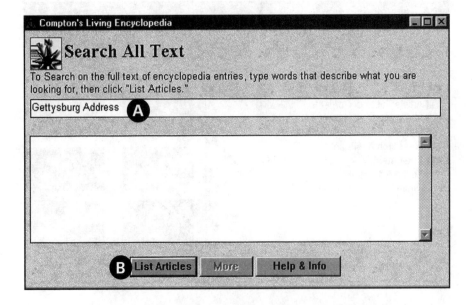

(A) Para comenzar a buscar la información que desea, lleve el ratón a esta línea; oprima el botón izquierdo una vez y después escriba la palabra que mejor describe la información que busca.

(B) Lleve el ratón a **List Articles** para que la enciclopedia comience a buscar los artículos que está buscando.

En el recuadro de abajo aparecen los artículos que la enciclopedia encontró acerca del discurso de Gettysburg.

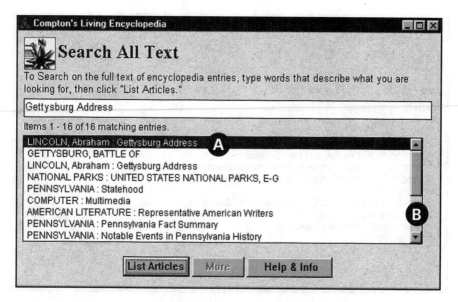

(A) Para seleccionar el artículo use las flechas en el teclado y una vez qué el archivo que desea usar esté sombreado oprima la tecla Enter para abrirlo.

(B) Si a primera vista el discurso de Gettysburg no aparece en la primera página de los artículos que la enciclopedia halló; lleve el ratón a estas barras de control, oprima el botón izquierdo poco a poco y después sobre **More**.

Cuando elija **More** el programa muestra la segunda página de la búsqueda del artículo Gettysburg.

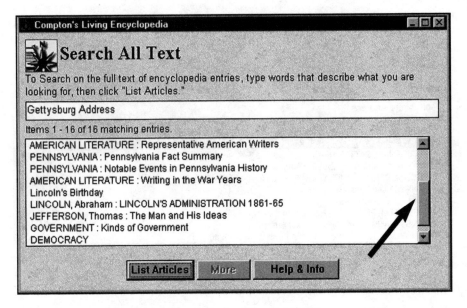

Para volver a ver la primer página lleve el ratón a estas barras de control y oprima el botón izquierdo poco a poco.

CÓMO USAR LA INFORMACIÓN QUE ENCONTRÓ EN LA ENCICLOPEDIA

Ahora puede ver el texto del discurso que Abraham Lincoln pronunció en Gettysburg el 19 de noviembre de 1863.

Si desea copiar este discurso selecciónelo usando el ratón o el teclado.

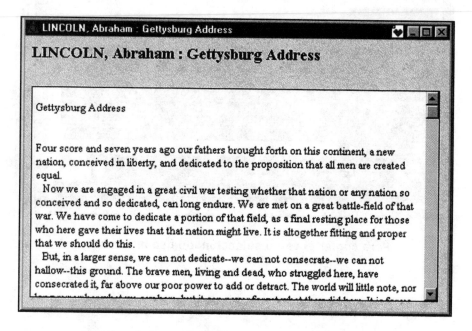

Para copiar con el ratón lleve la flecha que indica la posición del ratón a este punto y sostenga el botón izquierdo mientras lo mueve hacia la derecha y hacia abajo hasta que todo el texto que desea copiar quede sombreado.

Una vez que todo el texto que desea copiar está sombreado, puede copiarlo a un procesador de palabras.

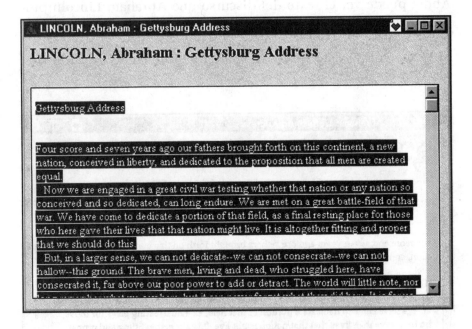

Para copiar el texto seleccionado use la combinación de teclas ALT-C.

Ahora puede pegar (**Paste**) la información seleccionada a un procesador de palabras, como **Write** o **Wordpad**.

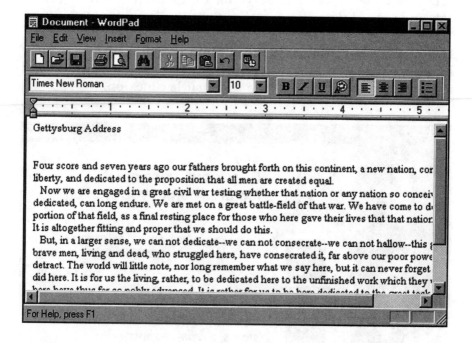

Una vez que abra el procesador de palabras use la combinación de teclas **ALT-V** para copiar la selección de la página anterior.

CÓMO SALIR DE AMERICA ONLINE

Cuando termine de usar America Online es muy importante cerrar la conexión con el servicio, de lo contrario le seguirán cobrando por el tiempo que esté conectado a sus computadoras.

Para salir de este programa, use la combinación de teclas **ALT-F4**; la tecla **F4** está en la parte superior del teclado; cuando vea el recuadro de abajo elija **Yes** para terminar la conexión.

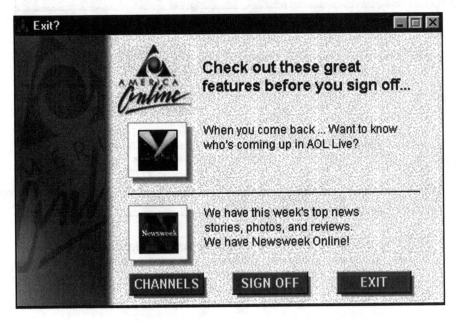

Cuando vea el recuadro de arriba, lleve el ratón a Sign Off y oprima el botón izquierdo una vez.

RESUMEN

El **Modem** es una de las opciones más populares para las computadoras personales.

Los servicios en línea son compañías con supercomputadoras capaces de servir a miles de computadoras.

Las compañías más populares que ofrecen esta clase de servicio son America Online, Compuserve, Prodigy y MSN.

El Internet tuvo sus inicios como un proyecto del departamento de defensa y hoy en día es la red de computadoras más grande del mundo.

Una de las ventajas de tener acceso al Internet es la habilidad de obtener información sobre casi cualquier tema.

Otra de las ventajas de tener acceso al Internet es la habilidad de poderse comunicar con otros países e intercambiar ideas con gente que tenga intereses similares a los suyos.

Cuando termine de utilizar un servicio en línea no olvide cerrar el programa; de lo contrario le seguirán cobrando por el tiempo que esté conectado a sus computadoras.

Capítulo séptimo 7

Este capítulo es para aquellas personas que quieren aprender a reconocer algunos errores que pueden ocurrir al usar una computadora personal de tipo IBM compatible.

La computadora personal es una de las unidades electrónicas más complejas que se puede obtener hoy en día. Por este motivo es posible que muchas veces cuando prenda la computadora ésta no funcione de la misma manera que el día anterior.

Si tiene algún problema con una computadora que está cubierta por una garantía, llame a la compañía que la fabricó y deje que ellos le ayuden con su problema.

NOTA   Los componentes que más fallan en una computadora personal son los discos duros y las unidades de discos flexibles.

EL PROCESO DE PRENDER UNA COMPUTADORA

El proceso que sigue una computadora para prender o **Boot** es el siguiente:

Primero la computadora verifica todos sus componentes electrónicos en busca de partes que puedan estar *fallando*. Si este proceso encuentra una parte defectuosa, la computadora se detendrá y la pantalla mostrará un error con un código que ayudará a la compañía que ensambló la computadora a determinar cuál es el problema.

Si este proceso inicial falla, apague la computadora y revise *todos los cables* en la parte de atrás y cerciórese que ninguno esté suelto.

Ahora revise si hay un disco en una de las unidades de discos flexibles, ya que a menos que este sea un **System Disk**, la computadora se *detendrá* y mostrará un error en la pantalla.

Después de revisar los cables prenda la computadora de nuevo; si todavía muestra el mensaje **Non-System Disk or Disk Error**, entonces necesita usar un **System Disk**, (vea en la siguiente página cómo hacer un **System Disk**) para llegar al sistema operativo.

Para usarlo insértelo en la unidad de discos flexibles y prenda la computadora otra vez, si la computadora funciona remueva el disco y apáguela. Espere un minuto y vuelva a prenderla; si todavía no funciona tal vez sea necesario restaurar el **Command.com** al disco duro con la copia de DOS que vino incluida con la computadora.

Si la computadora prende sin ningún problema, copie dos archivos (**config.sys** y **Autoexec.bat**) al **System Disk**, para que si este problema se vuelve a presentar esté mejor preparado (vea en la siguiente página cómo seguir este proceso).

CÓMO PREPARAR UN SYSTEM DISK

Para preparar un **System Disk,** busque un disco nuevo de la densidad apropiada, insértelo en la unidad de discos flexibles (si la computadora no funciona puede hacerlo en otra computadora) y escriba al nivel de **C:**

```
C:\Format   A:  /s
```

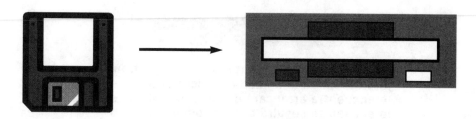

Para completar este proceso copie los archivos **config.sys** y **Autoexec.bat** en este disco escribiendo al nivel de **C:**

```
Copy C:\Config.sys A:
```

y después

```
Copy C:\Autoexec.bat A:
```

Cuando la computadora está prendiendo busca un archivo llamado **Command.com**, primero en la unidad de discos flexibles y después en el disco duro, si no lo encuentra verá un mensaje como este: **Non-System Disk or Disk Error** indicando que la computadora no lo pudo hallar y la pantalla se *congelará*.

Por lo general la computadora busca el **Command.com** en la unidad de discos flexibles. Si lo encuentra arrancará desde esta unidad; si no lo encuentra seguirá buscándolo en el disco duro.

Luego la computadora buscará el **command.com** en el primer disco duro; si lo encuentra funcionará normalmente; *si no lo encuentra* devolverá el mensaje **Non-System Disk Or Disk Error** y se detendrá.

LA IMPORTANCIA DE LA VERSIÓN DEL SISTEMA OPERATIVO

Es importante tener en cuenta cuál versión de MS-DOS usa la computadora ya que algunos programas no funcionan bien con versiones antiguas de MS-DOS; en este caso tal vez sea necesario actualizar la versión de MS-DOS *comprando* una actualización del sistema operativo como la versión MS-DOS 6.20.

Para actualizar la versión del sistema operativo inserte el primer disco de **Setup** en la unidad de discos flexibles **A:** o **B:** escriba **Setup** y confirme con **Enter**.

A:\Setup

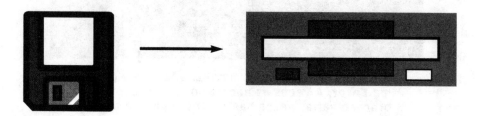

Este proceso también se puede usar para restaurar el archivo **Command.com** en el disco duro, cuando recibe el mensaje **Non-System Disk or Disk Error**.

QUÉ HACER CUANDO RECIBE EL MENSAJE: ABORT, RETRY, FAIL?

Muchas veces cuando está trabajando con la computadora puede-recibir un mensaje similar al de abajo

`Abort, retry, fail?`

Este mensaje es muy común y aparece por lo general cuando cambia del disco duro **C:** a la unidad de discos flexibles **A:** y la computadora no puede leer el disco. La manera de salir de este mensaje es con **Fail**, o sea, escriba **F** y confirme con **Enter**.

```
C:\>a:

Not ready reading drive A
Abort, Retry, Fail?
```

Para salir de este error escriba la letra **F** y oprima **Enter**. A veces es necesario repetir este proceso varias veces hasta ver la pantalla de abajo.

```
Not ready reading drive A
Abort, Retry, Fail?f
Current drive is no longer valid>
```

Escriba la letra de la unidad de almacenamiento con la cual está trabajando. Si es el disco duro escriba **C:** y si es la unidad de discos flexibles **A:**

```
Not ready reading drive A
Abort, Retry, Fail?f
Current drive is no longer valid>c:

C:\>
```

Ahora la computadora cambiará al nivel del disco duro **C:**.

CÓMO RESOLVER PROBLEMAS CON LA IMPRESORA

Si la impresora no funciona, revise que el cable que sale de la impresora esté firmemente conectado a la computadora.

Si el cable está firmemente conectado, pero todavía no funciona, lo que necesita es lo que se conoce como un **Printer Driver** (perfil de la impresora). Este consiste en un archivo que le indica a la computadora cómo comunicarse con la impresora.

Si el programa con el cual está teniendo dificultad para imprimir es para Windows entonces tiene que volver a instalar el perfil de la impresora.

Si el programa es para DOS, busque el perfil de la impresora en los discos que vinieron con el programa que está usando. Por ejemplo Lotus 123 para DOS. Si no encuentra este disco, pídalo primero a la compañía que escribió el programa para DOS y después a la que fabricó la impresora.

En DOS es necesario instalar una impresora cada vez que compre un programa nuevo. Casi todos los programas para DOS tienen un método diferente de instalar la impresora.

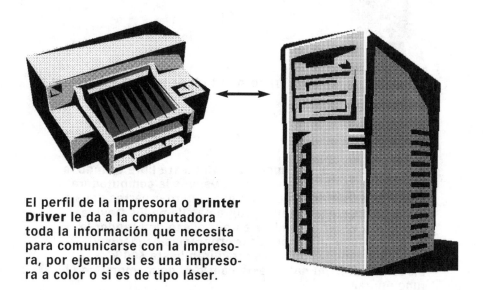

El perfil de la impresora o **Printer Driver** le da a la computadora toda la información que necesita para comunicarse con la impresora, por ejemplo si es una impresora a color o si es de tipo láser.

ERRORES DE MEMORIA TEMPORAL

Si recibe el mensaje **not enough memory to run application** cuando esté tratando de usar un programa para DOS, el mensaje se debe a que la computadora no encuentra suficiente memoria *temporal*; este es el tipo de memoria que la computadora necesita para hacer funcionar el programa mientras está prendida.

En el diagrama siguiente se puede ver claramente un banco de memoria de 4 **Megabytes**, suficiente para el funcionamiento de *la mayoría* de los programas para DOS; el problema es que algunos programas para DOS solamente pueden usar los primeros 640 **k** sin importar cuánta memoria exista después de los 640 **k**.

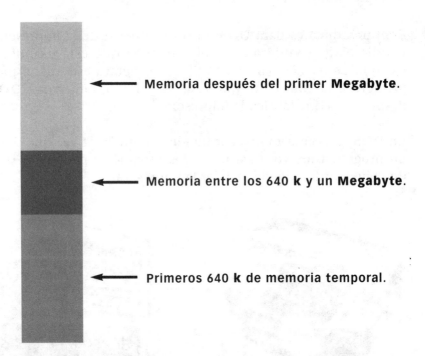

Memoria después del primer **Megabyte**.

Memoria entre los 640 **k** y un **Megabyte**.

Primeros 640 **k** de memoria temporal.

El banco de memoria inicial de 640 **k** está libre cuando la computadora está prendiendo; después la computadora empieza a usar esta memoria para guardar partes del sistema operativo y también programas llamados **Device Drivers**; a veces al final de este proceso de prender la memoria disponible para usar programas es menos de 500 **k** y algunos programas requieren hasta 600 **k** disponibles. Si no hallan esta cantidad de memoria no funcionarán.

Una manera de resolver este problema es *comprando* una *actualización* (**Upgrade**) del sistema operativo MS-DOS. Este contiene un **Memory Manager** para resolver este problema automáticamente. (Esto solamente funciona en computadoras 386 con al menos 2 **Megabytes** de **RAM**).

El **Memory Manager**, que está incluido en la versión de MS-DOS 6.22 se llama **Memmaker** o creador de memoria. Una vez que termine de actualizar su versión del sistema operativo todo lo que necesita es usar este programa escribiendo **Memmaker** al nivel del disco duro **C:**

ERRORES DE ESPACIO EN LAS UNIDADES DE ALMACENAMIENTO

Si trata de instalar un programa y recibe el mensaje **not enough room to install application**, quiere decir que hay un problema de espacio en el disco duro; para resolverlo, puede borrar un programa que ya no necesite o comprar otro disco duro. En la última versión de DOS es posible borrar un programa completo usando el comando **Deltree** y enfrente el nombre del directorio que desea borrar. O use **Del** y escriba uno por uno los archivos que desea borrar.

Para averiguar cuánto espacio libre tiene en el disco duro, use el comando **Dir**; al final aparece el total de **Bytes** disponibles. Si este número es menor que 3.000.000 de **Bytes**, es posible que éste sea el problema.

```
G:\>dir

Volume in drive C is MS-DOS_62
Volume Serial Number is 3867-1DCF
Directory of G:\

FLW             <DIR>         01-22-96   5:36a FLW
LIBRO           <DIR>         01-23-96  10:28p libro
NEGOCIO         <DIR>         02-01-96   8:01p NEGOCIO
ENCARTA         <DIR>         01-25-96   4:47p ENCART
NEWFOL-1        <DIR>         01-29-96   7:30p New Folder
          0 files(s)               0 bytes
          5 dir(s)       381,304,832 bytes free
```

Use **Dir** para averiguar cuánto espacio libre tiene en el disco duro. Este número indica la cantidad de espacio libre en el disco duro, en este caso 381,304,832 **Bytes** libres.

NOTA   Un **Byte** es la unidad de memoria más pequeña que se usa en el mundo de las computadoras y representa un carácter en la pantalla como por ejemplo un punto.

QUÉ HACER SI LA COMPUTADORA DEJA DE RESPONDER

Si la pantalla se *congela* y no le permite mover el teclado o el ratón, trate de oprimir la tecla de **ESC** varias veces o use la combinación de teclas **CTRL-C** para tratar de recuperar el control de la computadora.

Si después de un rato la computadora no responde, use la combinación **CTRL-ALT-DEL** para volver a prenderla.

Cuando usa esta combinación de *teclas pierde toda la información en el archivo con el cual estaba trabajando* hasta el momento en que guardó el archivo por última vez. Por eso es muy importante guardar el archivo con el cual está trabajando constantemente en una unidad de almacenamiento permanente.

CÓMO DIAGNOSTICAR PROBLEMAS EN WINDOWS 95

Windows 95 es uno de los programas que más anticipación ha creado en los usuarios de computadoras personales, con la esperanza de que algunos de los problemas que han plagado a los usuarios de PC's sean resueltos.

Windows 95 resuelve muchos de los problemas de memoria que existían en Windows 3.1. Ahora es mucho más fácil usar varios programas al mismo tiempo con muy poco riesgo de que un programa pueda terminar una sesión completa, ya que en la mayoría de los casos es posible cerrar el programa que está causando problemas y seguir usando los otros que todavía están funcionando.

Por su naturaleza gráfica Windows 95 funciona mucho mejor en computadoras más avanzadas y rápidas. Por esta razón es recomendable que la computadora en la cual desea instalar Windows 95 tenga al menos un procesador 486 **DX** 66, con un mínimo de 8 **Megabytes** de memoria temporal (**RAM**) y un disco duro de 850 **Megabytes**.

Si usa Windows 95 y la computadora no está funcionando bien, es posible averiguar si todo está instalado de manera correcta.

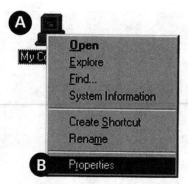

(A) Primero lleve el ratón a **My Computer** y oprima el botón derecho una vez.

(B) Después lleve el ratón a **Properties** y oprima el botón izquierdo una vez.

El recuadro de abajo es muy útil para determinar qué puede estar fallando en la computadora.

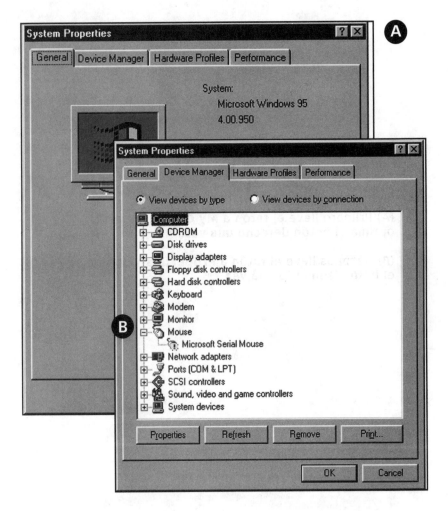

(A) Para buscar más información acerca de las opciones instaladas en la computadora, lleve el ratón a **Device Manager** y oprima el botón izquierdo una vez.

(B) Si uno o más de las opciones en esta lista tiene un símbolo de exclamación de color amarillo, en este caso el ratón, puede ser que no esta funcionando bien. Si tiene una garantia de servicio llame al teléfono de ayuda técnica que aparece en su contrato.

RESUMEN

La computadora personal es una de las unidades electrónicas más complejas que se puede encontrar hoy en día.

Si recibe el mensaje **Non-System Disk** or **Disk Error**, la computadora no pudo encontrar el archivo **Command.com** (el archivo más importante del sistema operativo). Para prender la computadora use un **System Disk**.

Si después de un rato la computadora no responde, use la combinación **CTRL-ALT-DEL** para volver a prenderla.

Si tiene problemas de memoria temporal compre una actualización del sistema operativo.

Si no tiene suficiente espacio en las unidades de almacenamiento para instalar un programa, cree más espacio, removiendo archivos o programas que no necesite.

En Windows 95 es posible diagnosticar la computadora usando la opción **Properties**, en el menú de **My Computer**.

Glosario de términos

Este glosario de términos está basado en los siete capítulos del libro y en los mensajes de errores que puede recibir en la pantalla mientras usa la computadora, e indica su significado.

.: Este símbolo se llama Wildcard o comodín y cuando es usado al final de un comando indica a la computadora que trabaje con todos los archivos al nivel indicado. Si escribe C:\Copy C:\cartas*.* A: la computadora copiará todos los archivos que encuentre en el directorio cartas a la unidad de discos flexibles A.

1 Gigabyte: Unidad de medida que equivale a mil Megabytes.

101 Extended Keyboard: Tipo de teclado que se usa en una computadora. Es muy parecido al de una máquina de escribir y la mayor diferencia es la presencia de teclas de función (como F1).

Abort, Retry, Fail?: Este es el mensaje que aparece en la pantalla cuando la computadora no puede escribir o leer un disco flexible o el mismo disco duro.

Accessories: Grupo de programas que vienen incluidos con Windows 3.1,Windows para trabajo en grupo 3.11 y Windows 95.

Actualización: Es el proceso de adquirir la versión más reciente de un programa. Por lo general, cuando consigue una actualización, el nuevo programa tiene un número diferente.

ALT-Enter: Combinación de teclas que sirve, cuando usa sesiones de DOS en Windows, para hacer que el programa ocupe toda la pantalla o solo parte de ella.

ALT-F4: Combinación de teclas que sirve para cerrar programas de Windows.

ALT-TAB: Esta combinación sirve para cambiar de un programa a otro en Windows, por ejemplo si está usando Write y Paint en la misma sesión de Windows puede ir de uno a otro usando ALT-TAB.

Archivo: Es una colección de Bytes que conforman lo que puede ser una carta o una foto de una ciudad.

Autoexec.bat: Archivo que consiste en un grupo de instrucciones que la computadora sigue en el momento en que está prendiendo.

Bad Command or file name: Mensaje que aparece cuando la computadora no puede encontrar el comando o el archivo que recibió para trabajar.

Bancos de datos: Un banco de datos es un programa que organiza información en una forma que sea más útil para el usuario.

Barras de control: Como su nombre lo indica estas barras sirven para mover en la pantalla de un lado a otro lo que es visible dentro de un programa.

Boot: El proceso de arranque de una computadora.

Byte: Es la unidad de almacenamiento más pequeña con la cual la computadora trabaja. Un Byte equivale a una letra o un punto.

C:\ Prompt: Es la raíz o el comienzo de una unidad de almacenamiento.

CD: Comando que se usa para cambiar de directorio.

CD\: Es una variación del comando anterior y sirve para regresar al nivel de la raíz de la unidad de almacenamiento.

Click: Se refiere a la acción de oprimir el botón izquierdo del ratón o Mouse, dos Click's para abrir un programa y un Click para hacer selecciones dentro de un programa.

Clipboard: Es un programa que funciona como un pizarrón electrónico, para que programas para Windows puedan compartir información entre sí recibiendo la información cuando el usuario de Windows elige copiar (Copy) o Cortar (Cut). Ahora esta información estará disponible hasta la próxima vez que use estos dos comandos anteriores, en cuyo caso será reemplazada por la información más reciente. El contenido del Clipboard se pierde cuando sale de Windows.

CLS: Comando de DOS que sirve para limpiar la pantalla.

Command.Com: Es el archivo más importante del sistema operativo. Si la computadora no encuentra este archivo cuando está prendiendo, se detendrá.

Compatible: Es la capacidad de un programa para funcionar con una versión del sistema operativo o con otro programa. Por ejemplo, Word for DOS (un procesador de palabras) es compatible con DOS pero no es compatible con Windows.

Config.sys: Archivos que el sistema operativo busca cuando la computadora está prendiendo y se usa para darle información a la computadora acerca del equipo que está instalado, por ejemplo tarjetas de sonido.

Control Panel: Es un conjunto de programas que se usa para cambiar opciones en Windows 3.1, por ejemplo el tipo de impresora.

Copy: Es uno de los comandos mas útiles de Windows 3.1 y Windows 95; cuando la computadora recibe la orden de copiar enviará la selección al Clipboard y éste la guardará para ser usada por un programa de Windows.

Copy and Paste: Es la función de copiar y pegar para compartir información en Windows 3.1 y Windows 95.

CPU: Es la unidad central de procesamiento (procesador).

CTRL-ALT-DEL: Combinación de teclas que se emplea para prender la computadora sin tener que utilizar el botón de encendido y se usa cuando la computadora deja de responder. Antes de usar esta combinación trate de emplear la tecla ESC o la combinación CTRL-C ya que cuando usa CTRL-ALT-DEL perderá todo el trabajo que hizo hasta la última vez que usó la función de guardar.

Cut and Paste: Es una vari-ación de copiar y pegar para compartir información en Windows 3.1 y Windows 95. Cuando usa cortar y pegar la selección original es borrada. Si elige cortar (Cut) por equivocación puede ir a Edit y elegir Undo para recobrar la información que acaba de cortar.

Device Drivers: Son programas que le indican a la computadora cómo trabajar con un componente adicional, por ejemplo una unidad CD-ROM.

Device Manager: Programa de Windows 95 que ayuda a diagnosticar el funcionamiento de los componentes de la computadora.

DIR: Comando que se usa para buscar información acerca de directorios y archivos en el disco duro.

DIR/P: Variación del comando Dir y se usa para poder ver la información página por página.

Directorio: Colección de ar-chivos con un propósito común. Por ejemplo, el directorio DOS contiene todos los comandos del sistema opera-tivo.

Disco duro: Es la unidad de almacenamiento más rápida y de mayor capacidad que viene con una computadora personal.

Discos Flexibles: Estos son discos de bajo costo, lo que los hace muy útiles para transportar información de un lado a otro. Por lo general vienen en dos capacidades: 3 1/2 el disco pequeño y 5 1/4 el disco grande.

Diskcopy: Este comando se usa para crear duplicados de discos de la misma densidad.

DOS: Sistema operativo para computadoras del tipo IBM compatibles. Controla todo lo que sucede dentro de la computadora, como copiar información a un disco flexible.

Drive: El término en inglés para hablar de una unidad de almacenamiento.

Enter: Tecla que se usa al final de todos los comandos para enviar la orden a la computadora.

ESC: Es una tecla que se usa para regresar al recuadro anterior con el cual se está trabajando.

Fax Modem: Es una tarjeta opcional que le permite enviar Faxes desde una computadora personal. La mayoría de estas tarjetas también son Data Modems, lo que le permite usar todos los servicios como Prodigy o el Internet.

File: Es una colección de Bytes que conforman lo que puede ser una carta o una foto de una ciudad.

Floppie Disk Drive: Unidad de discos flexibles.

Floppies: Discos flexibles de 3 1/2 y 5 1/4.

Folders: Este término se usa en plataformas como Windows 95 para referirse a directorios, los cuales contienen archivos con un propósito común.

Format: Comando que se usa para preparar discos flexibles y también el mismo disco duro para ser usados por el sistema operativo. Format borra al mismo tiempo que prepara.

Function Keys: Teclas que automatizan el uso de la computadora. Por ejemplo, cuando usa la tecla F1 el programa abre el recuadro de ayuda.

Grupos de programas: Colec-ción de programas que están representados por un símbolo en Windows 3.1.

Guardar: Es la acción (Save) de indicarle a la computadora que desea usar de nuevo la información con la cual está trabajando.

Hard Drive: Unidad de almacenamiento de datos, también conocida como el disco duro.

Hardware: Este término se refiere a cualquier parte me-tálica o de plástico que componen una computadora personal.

Hourglass: Símbolo que se parece a un reloj de arena. Indica que la computadora está realizando una tarea, por ejemplo imprimir una carta.

IBM PC: Término con el cual se conocen las computadoras personales manufacturadas por la compañía IBM.

IBM: Compañía americana líder en el desarrollo de las computadoras personales.

Impresora: Unidad capaz de reproducir fielmente en el papel todo lo que está en la pantalla.

Install: Proceso de copiar un programa de discos flexibles en el disco duro.

Megabyte: Unidad de medida que equivale a un millón de Bytes. En un millón de Bytes se pueden guardar 500 páginas de texto.

Memmaker: Programa también conocido como Memory Manager que viene incluido con el sistema operativo MS-DOS 6.2 y ayuda a resolver problemas de memoria temporal.

Microsoft Corporation: Compañía americana líder en el desarrollo de programas para computadoras personales de tipo IBM compatibles.

Mouse: Ratón es la unidad que facilita el uso de la computadora en las plataformas gráficas, como Windows.

MS-DOS: Sistema operativo, escrito por la compañía Microsoft, para computadoras personales de tipo IBM compatibles.

Multitasking: Capacidad de las plataformas gráficas para realizar varias tareas al mismo tiempo.

Notepad: Procesador de palabras que viene incluido con Windows 3.1 y Windows 95.

Pentium™: Es el procesador más rápido que ha salido al mercado para las computadoras de tipo IBM compatibles.

Perfil de la Impresora: Con-junto de instrucciones que le ayuda al programa que está usando a comunicarse con la impresora.

Plug & Play: Es la capacidad de instalar tarjetas de opciones sin tener que configurarlas manualmente. Es una de las mayores promesas del sistema operativo Windows 95.

Printer Driver: Perfil de la impresora.

Program Manager: La ventana más importante de Windows o donde se empieza a trabajar en Windows 3.1.

Programa: Conjunto de archivos con un propósito común, por ejemplo los archivos que componen un procesador de palabras.

PS/2 Mouse: Tipo de ratón que se conoce de esta manera por tener un cable con puerto redondo.

Pull Down Menus: Menús que muestran todas las funciones de un programa como una cortina que se abre hacia abajo.

Raíz del disco duro: Principio del disco duro y es representado con la letra C:

RAM: Memoria electrónica o Simm. Se caracteriza por ser temporal y costar más que cualquier otro componente de la computadora.

Resolución: Es la capacidad de una pantalla de mostrar más o menos detalle; mientras más alta es la resolución más detalle mostrará la pantalla. Está limitada por el tipo de tarjeta gráfica a la cual está conectada la pantalla.

Respaldo: Es la función de usar el comando Save para guardar archivos de manera permanente.

Root Directory: Principio, lo que también se conoce como la raíz de una unidad de almacenamiento.

Run: Es el comando que se escoge en Program Manager después de elegir File, usando la combinación de teclas ALT+F o llevando el ratón a File, para instalar programas en Windows de manera permanente.

Save: Comando para guardar archivos de manera permanente; en la mayoría de los programas este comando es accesible usando la combinación de teclas ALT + S.

Save As: Es una variación del comando Save y se utiliza cuando trabaja con archivos que no debe cambiar; por regla general use Save As y auméntele un número o cámbiele el nombre al archivo con el cual está trabajando para preservar archivos originales si no está completamente seguro de los cambios que está haciendo.

Serial Mouse: Tipo de ratón que sólo se puede conectar a un puerto rectangular de nueve entradas o de 25 si tiene un adaptador.

Setup: Es en casi todos los programas el archivo que contiene toda la información necesaria para instalar programas de manera permanente en una unidad de almacenamiento en el disco duro.

Shut Down Windows: Mensaje que aparece en Windows 95 antes de preparar la computadora para que el usuario la pueda apagar sin perder información.

Single Click: Acción de oprimir el botón izquierdo del ratón una vez.

Símbolo: En plataformas gráficas un símbolo es un dibujo que representa un programa o una función, por ejemplo el símbolo para imprimir.

Sistema Operativo: Conjunto de archivos cuyo objetivo es controlar todas las funciones de la computadora, por ejemplo la función de copiar un disco.

Source: En español fuente, por lo general el uso de esta palabra aparece cuando está duplicando discos y la computadora pregunta por el disco original (Insert Source) del cual desea hacer un duplicado.

Software: Conjunto de instrucciones que la computadora puede entender para realizar tareas específicas, por ejemplo permitirle al operador escribir una carta.

Spreadsheet: La hoja de cálculo sirve para automatizar muchas funciones de negocios, como calcular totales de cada mes a medida que el operador termine de entrar la información de cada día.

Subdirectory: Es un directorio que se encuentra sobre otro directorio.

SVGA: Monitor para IBM compatible capaz de presentar más información en la pantalla. Depende de la tarjeta de video presente en la computadora; es decir si la tarjeta de video es de VGA el monitor funcionará como un VGA.

Target: Destinación, aparece por lo general cuando elige duplicar un disco y la computadora le pide primero insertar el disco original (Source). Después le pide que remueva el disco original e inserte el disco en el cual desea copiar la información o Target.

Undo: Opción que se elige para recobrar información que haya sido borrada por equivocación. En Windows esta opción es disponible cuando lleva el ratón a Edit y elige Undo.

Unidad de discos flexibles: Unidades capaces de leer y escribir en discos flexibles de 3 1/2 o 5 1/4.

Upgrades: En el mundo de las computadoras personales es un programa mejorado al cual se le han añadido elementos nuevos.

Velocidad de reloj: Velocidad a la cual la computadora puede procesar información. Por ejemplo, si ve un anuncio acerca de una 486 DX/2 50 el número 50 es la velocidad de reloj; mientras más alto sea el número más rápida es la computadora.

VGA: Es el tipo más común de monitor usado en computadoras personales del tipo IBM PC, y se reconoce porque solo se puede conectar a un puerto de 15 conectores.

Win: Comando que al ser usado desde el C: Prompt abre Windows.

Windows: La plataforma gráfica de trabajo más usada en todo el mundo.

Windows 3.1: La versión más popular de Windows.

Windows 95: Es la nueva versión de la plataforma de trabajo más popular usada en las computadoras IBM compatibles.

Windows For Workgroups 3.11: Es una versión de la plataforma de trabajo Windows que es muy popular en oficinas con pocos usuarios, ya que esta versión viene con casi todo lo que necesita para crear pequeñas redes de trabajo en grupo.

Wordpad: Procesador de palabras que viene incluido con Windows 95.

Write: Procesador de palabras que viene incluido con Windows 3.1.

Xcopy: Comando que le permite copiar muchos archivos, incluyendo subdirectorios, de una unidad de almacenamiento a otro o de un directorio a otro.

XTs: Esta es otra manera de denominar computadoras que usan un procesador 8088 como la primera IBM PC.

Directorio de Compañias

Lista de compañías especializadas en vender Software y hardware, obtenida en el Internet.

Ast Research, Inc.
16215 Alton Parkway
Irvine, CA 92718
Ventas: (800) 876-4278
Ayuda Técnica: (800) 727-1278
Fax: (714) 727-9363
Computer systems

Adaptec, Inc.
691 South Milpitas Boulevard
Milpitas, CA 95035
Ventas: (800) 442-7274
Ayuda Técnica: (800) 959-7274
Fax: (408) 945-6776
Faxback: (408) 957-7150
http://www.adaptec.com/
SCSI HBAs

Adobe Systems, Inc.
1585 Charleston Road
P.O. Box 7900
Mountain View, CA 94039
Ventas: (800) 628-2320
Ayuda Técnica: (206) 628-2752
Fax: (415) 961-3769
Faxback: (206) 628-5737
Desktop publishing software,
Pagemaker, Photoshop

American Megatrends, Inc.
6145-F Northbelt Parkway
Norcross, GA 30071
Ventas: (800) 828-9264
Ayuda Técnica: (404) 263-8181
Fax: (404) 263-9381
Faxback: (404) 246-8787
http://www.megatrends.com/
Bios, Motherboards

Arcada Software, Inc.
37 Skyline Drive
Building 1101
Lake Mary, FL 32746
Ventas: (800) 327-2232
Ayuda Técnica: (407) 333-7500
Fax: (407) 333-7770
Faxback: (407) 333-7767
E-mail: ventas@arcada.com
    support@arcada.com
http://www.arcada.com/
Tape backup software

Artisoft, Inc.
2202 North Forbes Boulevard
Tucson, AZ 85704
Ventas: (800) 896-9726
Ayuda Técnica: (602) 670-7000
Fax: (602) 884-8665
Faxback: (602) 293-1397
Lantastic network

Austin Computer Systems
10300 Metric Boulevard
Austin, TX 78758
Ventas: (800) 752-4171
Ayuda Técnica: (800)752-4171
Fax: (512) 454-1357
Mail order PC clones

Autodesk, Inc.
2320 Marineship Way
Sausalito, CA 94965
Ventas: (800) 228-3601
Ayuda Técnica: (206) 487-2934
Fax: (206) 486-1636
http://www.autodesk.com/
Autocad

Acer America Corp.
2641 Orchard Parkway
San Jose, CA 95134
Ventas: (800) 733-2237
Ayuda Técnica: (800) 445-6495
Fax: (408) 922-2960
Faxback: (800) 554-2494
http://www.acer.com/
CPUs; Computers

Advanced Gravis Computer Technology
3750 North Fraser Way, Suite 101
Burnaby, British Columbia
Canada, V5J 5E9
Ventas: (604) 431-5020
Ayuda Técnica: (604) 431-1807
Fax: (604) 431-5155
E-mail: Tech@Gravis.Com
http://www.gravis.com/
Joysticks, game cards and sound boards

Berkeley Systems, Inc.
2095 Rose Street
Berkeley, CA 94709
Ventas: (510) 540-5535
Ayuda Técnica: (510) 540-5535
Fax: (510) 540-5115
Faxback: (510) 540-5115
AfterDark screen saver for PC and Mac

Bit Software, Inc.
47987 Fremont Boulevard
Fremont, CA 94538
Ventas: (510) 490-2928
Ayuda Técnica: (510) 490-2928
Fax: (510) 490-9490
Bitfax for Windows

Borland International Corp.
100 Borland Way
Scotts Valley, CA 95066-3249
Ventas: (800) 331-0877
Ayuda Técnica: (800) 524-8420
Fax: (408) 439-9344
http://www.borland.com/
TurboC; Pascal Basic; Debugger; Paradox

Caere Corp.
100 Cooper Court
Los Gatos, CA 95030

Ventas: (408) 395-7000
Ayuda Técnica: (408) 395-7000
Fax: (408) 395-2743
http://www.caere.com/
OmniPage; Wordscan; Omniform; Pagekeeper

Canon Computer Systems
2995 Redhill Avenue
Costa Mesa, CA 92626
Ventas: (800) 423-2366
Ayuda Técnica: (800) 423-2366
Fax: (714) 438-3444
E-mail: tom_perrier@
   ccsi.canosn.com
http://www.cañosnato.com
Hayes V.42; Laser and dot-matrix printers

Cardinal Technology
1827 Freedom Road
Lancaster, PA 17601
Ventas: (800) 722-0094
Ayuda Técnica: (717) 293-3124
Fax: (717) 399-2324
Faxback: (800) 775-0899
Video cards; Modems

Central Point Software, Inc.
15220 NW Greenbrier Parkwy
Suite 2000
Beaverton, OR 97006-9937
Ventas: (503) 690-8088
Ayuda Técnica: (503) 690-8088
Fax: (503) 690-8083
Software tools for the IBM PC and Mac

Chinon America Inc.
615 Hawaii Avenue
Torrance, CA 90503
Ventas: (800) 441-0222
Ayuda Técnica: (310) 533-0274
Fax: (310) 533-1727
Disks; CD-ROMs

Chipsoft, Inc.
6330 Nancy Ridge Drive, #103
San Diego, CA 92121-3290
Ventas: (800) 964-1040
Ayuda Técnica: (602) 295-3070
Fax: (619) 550-5097
Turbotax, personal 1040 tax software

Colorado Memory Systems
800 South Taft Avenue
Loveland, CO 80537
Ventas: (800) 669-8000
Ayuda Técnica: (970) 635-1500
Fax: (970) 667-0997
Faxback: (800) 368-9673
E-mail: colorado_support@
 hp.loveland.om10.om.hp.com
http://www.corp.hp.com/
 publish/isg/cms/
Tape drives, CD writer productos

Compusa, Inc.
14951 North Dallas Parkway
Dallas, TX 75240
Ventas: (800) 266-7872
Ayuda Técnica: (214) 702-0055
Fax: (214) 702-0300
E-mail: info@compusa.com.
http://www.compusa.com/
*Computer hardware and software,
accessories, service and training*

Compaq Computer Corp.
20555 State Highway 249
Houston, TX 77070
Ventas: (800) 888-5858
Ayuda Técnica: (800) 652-6672
Fax: (713) 374-0299
Faxback: (800) 345-1518
http://www.compaq.com/
Computers

**Computer Associates Inter-
national, Inc.**
1 Computer Associates Plaza
Islandia, NY 11788-7000
Ventas: (800) 225-5224
Ayuda Técnica: (800) 531-5236
Fax: (516) 342-5329
http://www.cai.com/
*Business application software for Unix
and DOS*

Conner Peripherals, Inc.
2720 Orchard Parkway
San Jose, CA 95134
Ventas: (800) 426-6637
Ayuda Técnica: (800) 426-6637
Fax: (408) 456-4501
Faxback: (408) 456-4903

http://www.conner.com/
Hard drives; Tape drives

Creative Labs Inc.
1901 McCarthy Boulevard
Milpitas, CA 95035
Ventas: (800) 998-1000
Ayuda Técnica: 405-742-6622
Fax: 408-428-6011
http://www.creaf.com/
Sound boards

Cirrus Logic, Inc.
3100 W Warren Avenue
Fremont, CA 94538
Ventas: (510) 623-8300
Ayuda Técnica: (510) 623-8300
Fax: (510) 252-6020
Faxback: (800) 359-6414
http://www.cirrus.com/
Video adapters

Connectix Corp.
2655 Campus Drive
San Mateo, CA 94403
Ventas: (415) 571-5100
Ayuda Técnica: (800) 950-5880
Fax: 415-571-5195
E-mail: info@connectix.com
http://www.connectix.com/
RamDoubler; Quickcam; Video Phone

Dataease International, Inc.
7 Cambridge Drive
Trumbull, CT 06611
Ventas: (800) 243-5123
Ayuda Técnica: (203) 374-2825
Fax: (203) 365-2317
Faxback: (203) 374-6088
*Dataease database for DOS, OS/2,
Windows; Development tools*

Davidson & Associates, Inc.
19840 Pioneer Avenue
Torrance, CA 90503
Ventas: (800) 545-7677
Ayuda Técnica: (800) 556-6141
Fax: (310) 793-0601
Educational software

Dell Computer Corp.
2214 West Braker Lane, Suite D

Austin, TX 78758-4053
Ventas: (800) 289-3355
Ayuda Técnica: (800) 624-9896
Fax: (512) 728-3653
Faxback: (800) 950-1329
E-mail: info@dell.com
http://www.us.dell.com/
Mail order, personal computer manufacturer

Epson America, Inc.
20770 Madrona Avenue
Torrance, CA 90503
Ventas: (800) 289-3776
Ayuda Técnica: (800) 922-8911
Fax: (310) 782-5266
Faxback: (800) 922-8911
E-mail: 76004.1432@
   compuserve.com
http://www.epson.co.jp/
Computers; Printers; Modems

Fifth Generation Systems, Inc.
10049 N. Reiger Road, Ste. 3019
Baton Rouge, LA 70809
Ventas: (800) 873-4384
Ayuda Técnica: (800) 766-7283
Fax: (504) 295-3268
Fastback+; Disklock, Direct access, Untouchable

Future Domain
2801 McGaw Avenue
Irvine, CA 92714
Ventas: (800) 879-7599
Ayuda Técnica: (714) 253-0440
Fax: (714) 253-0429
SCSI adapters

Gateway2000
610 Gateway Drive
P.O. Drawer 2000
North Sioux City, SD 57049
Ventas: (800) 846-2063
Ayuda Técnica: (800) 846-2000
Fax: (605) 232-2023
Faxback: (605) 232-2561
Mail order clones

Globalink, Inc.
9302 Lee Highway, 12th Floor
Fairfax, VA 22031-1208

Ventas: (800) 255-5660
Ayuda Técnica: (703) 273-5600
Fax: (703) 273-3866
Translation sofware

Great Plains Software, Inc.
1701 SW 38th Street
Fargo, ND 58103
Ventas: (800) 456-0025
Ayuda Técnica: (701) 281-0550
Fax: (701) 282-4826
E-mail: info@gps.com
http://www.gps.com/
Accounting software

Helix Software Company
47-09 30th Street
Long Island City, NY 11101
Ventas: (800) 451-0551
Ayuda Técnica: (800) 451-0551
Fax: (718) 392-4212
Memory management software

Hewlett-Packard Company
19310 Pruneridge Avenue
Cupertino, CA 95014
Ventas: (800) 752-0900
Ayuda Técnica: (800) 858-8867
Fax: (415) 857-5555
http://www.hp.com/
Laser printers; Computers

IBM Corp.
Old Orchard Road
Armonk, NY 10504
Ventas: (800) 426-3333
Ayuda Técnica: (800) 992-4777
Mainframe, mini, and micro computers; Personal comuters

Iomega Corp.
1821 West Iomega Way
Roy, UT 84067
Ventas: (800) 697-8833
Ayuda Técnica: (801) 456-5522
Fax: (801) 778-3460
Faxback: (801) 778-5763
http://www.iomega.com/
Bernoulli drives

Informix Software, Inc.
4100 Bohannon Drive

Menlo Park, CA 94025
Ventas: (800) 438-7627
Ayuda Técnica: (415) 926-6300
Fax: (415) 926-6571
http://www.informix.com/
Informix; Wingz

Jian Tools Inc.
1975 W. El Camino Real, #301
Mountain View, CA 94040
Ventas: (415) 941-9191
Ayuda Técnica: (415) 941-9191
Fax: (415) 941-9272
Business software

Kensington Microware, Ltd.
2855 Campus Drive
San Mateo, CA 94403
Ventas: (800) 535-4242
Ayuda Técnica: (415) 572-2700
Accessories; UPS systems

Keytronics Corp.
North 4424 Sullivan Road
Spokane, WA 99214
Ventas: (800) 262-6006
Ayuda Técnica: (509) 927-5395
Fax: (509) 927-5252
Keyboards

Landmark Research International
703 Grand Central Street
Clearwater, FL 34616
Ventas: (800) 683-6696
Ayuda Técnica: (813) 443-1331
Fax: (813) 443-6603
Utility software; Winprobe

Lexmark International
740 New Circle Road
Lexington, KY 40511
Ventas: (606) 232-2000
Ayuda Técnica: (606) 232-3000
Fax: (606) 232-2873
Faxback: (606) 232-2380
Printers

Lotus Development Corp.
55 Cambridge Parkway
Cambridge, MA 02142
Ventas: (800) 553-4270

Ayuda Técnica: (800) 223-1662
Fax: (617) 693-3899
Lotus 123; Lotus Notes; Smartsuite

Magic Quest
125 University Avenue
Palo Alto, CA 94301
Ventas: (415) 321-5838
Ayuda Técnica: (415) 321-5838
Fax: (415) 321-8560
Educational software

Mustek Inc.
1702 McGaw Avenue
Irvine, CA 92714
Ventas: (800) 468-7835
Ayuda Técnica: (714) 250-4880
Fax: (714) 250-337
E-mail: jblair@mustek.com
http://www.mustek.com/
Flatbed, handheld and sheetfed scanners for PC or Mac

Maxtor—California
211 River Oaks Parkway
San Jose, CA 95134
Ventas: (800) 462-9867
Ayuda Técnica: (800) 262-9867
Fax: (303) 678-2260
Faxback: (800) 262-9867
E-mail: technical_assistance@
   maxto.Com
http://www.maxtor.com/
Hard disk drives

McAfee Associates
2710 Walsh Avenue
Santa Clara, CA 95051
Ventas: (800) 332-9966
Ayuda Técnica: (408) 988-3832
Fax: (408) 970-9727
E-mail: support@mcafee.com
http://www.mcafee.com/
Virus software

Media Vision, Inc.
47900 Bayside Parkway
Fremont, CA 94538
Ventas: (800) 684-6699
Ayuda Técnica: (510) 770-9905
Fax: (510) 770-959
E-mail: techsupp@mediavis.com

http://www.mediavis.com/
High-fidelity audio for the PC

Megahertz Corp.
4505 South Wasatch Boulevard
Salt Lake City, UT 84124
Ventas: (800) 527-8677
Ayuda Técnica: (801) 320-7777
Fax: (801) 272-6077
http://www.xmission.com/~mhz/
Laptop modems

Micrografx, Inc.
1303 Arapaho
Richardson, TX 75081
Ventas: (800) 733-2113
Ayuda Técnica: (214) 234-1769
Fax: (214) 994-647
http://www.micrografx.com/
Designer; DrawPlus; Charisma;
PicturePublisher; ABC Flowcharter

Micropolis Corp.
21211 Nordhoff Street
Chatsworth, CA 91311
Ventas: (800) 395-3748
Ayuda Técnica: (818) 709-3325
Fax: (818) 709-3408
Faxback: (800) 395-3748
http://www.microp.com/
Hard disk; Raid

Microsoft Corporation
1 Microsoft Way
Redmond, WA 98052
Ventas: (800) 426-9400
Ayuda Técnica: 206-882-8080
Operating systems; MS Office;
Client/server development tools

Microtek Lab Inc.
3715 Doolittle Drive
Redondo Beach, CA 90278
Ventas: (800) 654-4160
Ayuda Técnica: (310) 297-5100
Fax: (310) 297-5050
Faxback: (310) 297-5101
Color, gray scanners; Trueimage
PS/PCL Laser

MySoftware Company
2197 East Bayshore Road

Palo Alto, CA
Ventas: (714) 965-0183
Ayuda Técnica: (714) 965-0183
Fax: (714) 965-0154
Personal management software

Nanao Usa Corporation
23535 Telo Avenue
Torrance, CA 90505
Ventas: (800) 800-5202
Ayuda Técnica: (310) 325-5202
Fax: (310) 530-1679
http://www.nanao.com/
Monitors

Peachtree Software
1505 Pavilion Place, Suite C
Norcross, GA 30093
Ventas: (800) 247-3224
Ayuda Técnica: (404) 564-5700
Fax: (404) 564-5888
Accounting software

Quantum Corporation
500 McCarthy Boulevard
Milpitas, CA 95035
Ventas: (800) 624-5545
Ayuda Técnica: (800) 826-8022
Fax: (408) 894-3205
Faxback: (800) 434-7532
http://www.quantum.com/
Hard drives; AT and SCSI

Quarterdeck Office Systems
13161 Mindanao Way
3rd Floor
Marina Del Rey, CA 90292
Ventas: (310) 309-3700
Ayuda Técnica: (310) 309-4250
Fax: (310) 309-4217
E-mail: info@qdeck.com
http://www.qdeck.com/
Desqview; Qemm; Qram; Desqview/X;
Webauthor

Seagate Technology
920 Disc Drive
Scotts Valley, CA 95066
Ventas: (408) 438-8111
Ayuda Técnica: (408) 438-8222
Fax: (408) 438-8137
Faxback: (408) 438-2620

http://www.seagate.com/
SCSI, Ide Hard Drives

Seikosha America, Inc.
111 Canfield Avenue, #A-14
Randolph, NJ 07869
Ventas: (800) 338-2609
Ayuda Técnica: (800) 825-5349
Fax: (201) 252-1051
Printers

Sharp Electronics Corp.
Sharp Plaza
Mahwah, NJ 07430-2135
Ventas: (800) 237-4277
Ayuda Técnica: (201) 529-9593
Fax: (201) 539-9697
Laptop computers; Printers; Electronic organizers

Tektronix, Inc.
26600 SW Parkway
Wilsonville, OR 97070-1000
Ventas: (800) 875-0981
Ayuda Técnica: (800) 875-0981
Fax: (503) 452-9788
http://www.tek.com/
Color printers; Video & Networking

Toshiba America
9740 Irvine Boulevard
P.O. Box 19724
Irvine, CA 92713-9724
Ventas: (800) 999-4823
Ayuda Técnica: (800) 456-8649
Portable and laptop computers

US Robotics, Inc.
8100 N. McCormick Boulevard
Skokie, IL 60076-2920
Ventas: (800) 342-5877
Ayuda Técnica: (708) 982-5151
Fax: (708) 982-0823
E-mail: ventas@usr.com
Support@usr.com
http://www.usr.com/

Umax Technologies, Inc.
3353 Gateway Boulevard
Freemont, CA 94538
Ventas: (800) 562-0311
Ayuda Técnica: (800) 468-8629
Fax: (510) 651-8834
Faxback: (510) 651-3710
Scanners

Indice

RANDOM HOUSE PERSONAL COMPUTER DICTIONARY, SECOND EDITION

Si quiere familiarizarse con el vocabulario básico del mundo de las computadoras, el Random House Personal Computer Dictionary, Second Edition le explicará la terminología de las computadoras en un inglés claro y sencillo. Conteniendo más de 1,900 términos esenciales e ilustrado con más de 75 dibujos, este libro esta repleto de información sobre las computadoras personales. Viene también con Windows Help File en un 3 1/2" disco.

Libro con disco: ISBN 0-679-77036-4
US $24.95/Canada $35.00

Libro: ISBN 0-679-76424-0
US $15.00/Canada $21.00

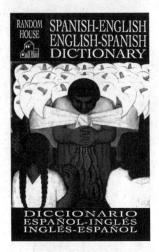

RANDOM HOUSE DICCIONARIO ESPAÑOL-INGLÉS INGLÉS-ESPAÑOL

Este diccionario contiene las palabras y frases que necesita para la conversación actual, con más de 60,000 articulos, 650 paginas, e información gramatical. La ortografía es del inglés norteamericano. El español esta alfabetizado según las lengua española. Lo más útil para estudiantes y maestros.

ISBN 0-679-43897-1
US$18.00/Canada $25.00

RANDOM HOUSE SPANISH DICTIONARY, SECOND EDITION SPANISH-ENGLISH ENGLISH-SPANISH

Un diccionario de bolsillo, con más de 30,000 articulos breves, muy útil en la escuela, oficina, casa, y en viajes.

ISBN 0-679-76431-3
US$5.99/Canada $7.99